班主任新经典丛书　　最新版

BANZHUREN XINJINGDIAN CONGSHU　　ZUI

班主任
工作与德育

BANZHUREN
GONGZUO YU DEYU

　　本套丛书根据班主任工作的实际需求，分门别类地对班主任的专业发展、班级管理、工作方法等方方面面进行了介绍，辅以一线教师的实践案例，为广大教师提供了丰富的参考资源。尤为可贵的是，本丛书注重时代性，研究和解决了一些当前教育情形下的新问题，可谓是班主任教师们新的经典。

BENSHU BIANXIEZU　　　　　　　　　　陈秋兰　本书编写组◎编

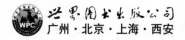

世界图书出版公司
广州·北京·上海·西安

图书在版编目（CIP）数据

班主任工作与德育／《班主任工作与德育》编写组
编．—广州：世界图书出版广东有限公司，2010.11（2024.2 重印）
ISBN 978 - 7 - 5100 - 2995 - 0

Ⅰ．①班… Ⅱ．①班… Ⅲ．①班主任 - 工作②德育 -
研究 Ⅳ．①G451②G41

中国版本图书馆 CIP 数据核字（2010）第 217504 号

书　　名	班主任工作与德育
	BAN ZHU REN GONG ZUO YU DE YU
编　　者	《班主任工作与德育》编写组
责任编辑	冯彦庄
装帧设计	三棵树设计工作组
出版发行	世界图书出版有限公司　世界图书出版广东有限公司
地　　址	广州市海珠区新港西路大江冲 25 号
邮　　编	510300
电　　话	020-84452179
网　　址	http://www.gdst.com.cn
邮　　箱	wpc_gdst@163.com
经　　销	新华书店
印　　刷	唐山富达印务有限公司
开　　本	787mm×1092mm　1/16
印　　张	11.75
字　　数	160 千字
版　　次	2010 年 11 月第 1 版　2024 年 2 月第 4 次印刷
国际书号	ISBN　978-7-5100-2995-0
定　　价	59.80 元

序　言

随着教育改革的深入和学校教育活动越来越丰富多样，班主任在学校中所担当的角色也越来越多，新时代对班主任提出了"全能"的要求。顾名思义，"全能的班主任"就是指班主任要成为一个全面发展的人，能够在学生发展的各个方面都能提供帮助。班主任应该是爱的传播者，班主任要成为学生的知心朋友，成为全体学生的领路人，成为学生的心理医生；班主任应该是班级的建设者，要成为班级文化的设计师，成为班级纪律的管理员，成为班级成员的评判者。班主任还应该是自我实现的人，班主任要做一个管理者、教育者、研究者，班主任要在成全全体学生的同时，要实现自己的专业成长和个人价值。

换而言之，要成为一个"全能的班主任"，需要扮演好以下的几个角色：

一、学生的知心朋友和领路人

班主任爱学生，成为学生的知心朋友，是做好各项工作的前提和基础。为此，班主任对学生必须真诚、平等，要经常站在学生的角度，设身处地为他们着想。

"领路人"的角色，意味着班主任的一言一行都会影响到全体学生。班主任一定要保证自己是"朝着正确的方向行走"，这样师生一路结伴而行，才会成为有意义的事情。

二、学生的心理医生

班主任应像心理医生那样和蔼可亲，细致入微地体察学生的内心世界。为此，班主任必须熟悉心理学，学会综合运用心理学和心理咨询的方法，帮助学生分析、解决面临的各种问题及心理障碍，注重培养学生的社会适应能力。

三、班级的建设者和管理者

班级的组织、制度、文化建设，都是至关重要的，尤其是班级文化对学生的教育力和影响力非常巨大。班主任除了注意班级目标、班规班纪、管理机制、竞争机制、教室美化、活动开展这些方面的建设和管理，还要把重点放在积极向上的班风班貌、合作进取的团队精神等的营造上，使每一个班级成员都受到熏染和浸润。

四、评判者和沟通者

班主任在学生心目中却有着较高的威信，这种威信常体现在他的"裁判"角色中。学生之间发生冲突或争执，甚至是对某个问题存在争论，他们都会找到班主任这里来"评理"。班主任要通过评判，引导学生建立起认识问题的正确思维方法和正确的价值体系。另外，班主任也应该是使学校教育、家庭教育、社会教育相一致、相配合的枢纽和桥梁。

五、研究者和自我实现者

如何按照教育规律和儿童身心发展规律，积极有效地教育好学生是一项非常复杂的工作。这就需要班主任在自己的实践中，注重观察，仔细分析研究，努力探索班级管理和教育的规律，不断总结具有学术价值和实践意义的理论与经验。班主任的研究过程，本身就是一个实现自我专业成长的过程，是一个自我价值实现的过程。

现实的情况是，有的班主任能够顺应教育发展趋势，及时改变自己，很好地适应了新背景下的工作要求，而有的班主任却思维僵化，教育教学方法不能与时俱进，或者是虽然有意改变自己，但转变过于缓慢，成为一个落伍者；另外也有一些新入职的班主任，对班主任工作缺乏足够的了解，工作能力也亟需提高。

鉴于此，我们对新背景下班主任应该具备怎样的素质，进行了一次梳理，组织专家编写了这套"班主任新经典"丛书。我们的希望是，班主任能够在阅读中汲取营养，在实践中不断提高自我，最终成长为一个"全能的班主任"。

前　　言

当前,以德治国与以德育人,既是实现中华民族伟大复兴的迫切要求,也是个人健康成长,国家繁荣稳定的客观需要。那么如何卓有成效地以德育人,抓好学生德育工作,推动学生的德育发展已经成为一个重要的课题。

班主任负责全班学生的思想、学习、健康和生活等方面的工作,一般由具有较高的思想觉悟、优良的道德品质、广博的文化知识和丰富的教书育人经验的教师担任。班主任是班集体的组织者、教育者和指导者,对学生进行各种教育。而德育工作是班主任工作的一个重要方面,任何时候都不能有丝毫的放松。班主任要高举德育的旗帜,深刻认识反复宣传德育工作威力的重要性,从思想和认识上要把握好开展德育工作的重要性。

道德是发自个人的良心,是自觉自愿的。正如马克思指出的:"道德的伦理基础是人类精神的自律。"作为道德主体的学生如果不直接参与体味,那么便缺乏主动思考、讨论和自主选择的空间。在社会日益开放、价值多元化的今天,必然导致德育的实效性缺乏。当前,少数家长在教育观念上对他们都不同程度地存在着重智能培养、轻品德培养的倾向,因此,班主任工作对于德育工作具有很重要的意义。任何一种工作要实现它的价值,就必须使它成为科学工作,也就是说在工作中必须以科学理论来指导实践,从班级德育工作来看,理论建设是不够的,这很需要理论研究者与实际工作者共同进行理论建设。班主任是学校德育工作的重要力量,学校德育工作离不开班主任工作,进行课内、课外、校内、校外的学习或活动,班主任都得关注,学生的德智体美劳,班主任都要负责,尤其是学生的思想品行、品德风范,可以说和班主任息息相关。班主任要加强师德修养,一定要做到处处以身作则、为人师表。班主任工作是复杂艰辛的。但同时也是极具创造性和挑战性。道德教育作为班主任工作的重要组成部分,必须积极应对社会改革发展带来的新问题和新矛盾。同时在新课程背景下,积极思考和探索新的方法和途径。创新实践不断提高德育的质量和效果,可以让自身繁重的劳动充满智慧的火花。

本书从"什么是德育"出发,详细阐明了德育的目标、功能,并对德育的发展趋势作出了预测。指出了作为班级德育工作核心的班主任应该具备怎样的素质、如何处理德育建设与班级建设的关系以及如何建立班级德育评价体系。

目录
contents

第一章

什么是德育

第一节　　德育解说

德育就是教师有目的地培养学生品德的活动。

对德育概念具体理解的不同之处主要集中在两个方面。一是德育的内容主要包括哪些；二是如何理解德育过程。

狭义的德育专指道德教育，亦即西方教育理论所讲"moraleduca-tion"。在我国，许多人并不赞成这一定义，认为德育必须包含更多的内容，包括培养学生的思想品质、政治品质和道德品质。另外还有更为广义的德育界定，认为德育除思想、政治、品德方面的教育之外，还应当包括法制教育、心理教育、性教育、青春期教育，甚至还应包括环境教育、预防爱滋病教育，等等。

有关德育外延的界定应当遵循"守一而望多"的原则。"守一"即是强调道德教育作为德育范畴的最基本的内涵，强调学校德育应从最基本的道德品质培养做起。"望多"是指德育还应包括思想、政治教育等项基本价值教育的内涵。所以，从内容上看，德育主要是指道德、思想和政治方面的教育。法制教育是非常必要的，但可从属于广义的政治教育。心理教育、性教育、青春期教育等等就只能部分地从属于德育，即只有这些教育领域中涉及价值教育的部分才归属德育范畴。

对于德育过程理解上的不同也影响人们对德育概念的界定。

按照唯物辩证法的观点，事物发展的外因只是条件，内因才是根据，外因必须通过内因才能起作用。德育过程固然是一种价值性的环境或影响，但这一环境或影响起作用的先决条件乃是德育对象具备接受这一影响的内因。德育过程实际上也是德育对象自身在道德等方面不断建构的过程。德育应该是环境与生长的统一，社会价值引导与个体价值建构的统一。对德育对象考虑不足的德育既不合乎现代教育所必具的民主精神，更不符合德育自身的规律，不会产生真正的德育功效，有时甚至是非德育或者是反德育的。德育过程对德育对象考虑不足、德育对象主体性发挥不充分也是中国德育的主要问题之一。

因此，应当这样定义德育概念：德育是教育工作者组织适合受教育者品德成长的价值环境，促进他们在道德、思想、政治等方面不断建构和提升的教育活动。

我国的学校德育大致包括三个组成部分：道德品质教育、政治教育、思想教育。其中，道德品质教育包括有诸如不怕吃苦、勇敢坚强、遵守纪律、热爱集体等等品质。这些品质在体育教学中常常会不自觉地在学生身上显现出来，教师应该利用时机，在体育教学中对学生的这种自发意识加以引导，使之真正成为学生自身的稳定的品质。同样，也会有部分学生在上体育课时，暴露出缺乏某些应该具有的良好品质的现象。

在我国近代教育史上，曾用过"道德教育"和"训育"等概念，以示德育。而明确使用"德育"概念的，是西方资产阶级教育思想输入我国之后。我国著名教育家陶行知先生在《中国教育改造》一书中，谈到学生自治问题时说："近世所倡的自动主义有三部分：一智育注重自学，二体育注重自强，三德育注重自治。"这里，他明确使用了"德育"的概念，并把它看成整个教学不可分割的组成部分。

第二节 德育的功能

一、德育的功能

（1）德育的个体功能

德育功能是指德育对整个社会系统所产生的作用与影响，主要涵盖人的发展和社会发展两个方面。通过施加有目的、系统的、持续的教育影响，促进个体形成一定的品德，是德育的基本功能。德育的这种基本功能具体表现在：

1. 促进个体品德的社会化和个性化

儿童从一个自然有机体转变为一个社会成员的过程和在学习、积累社会经验中形成、发展自己个性的过程，是儿童的社会化和个性化过程，二者交互作用、相互渗透。儿童成为具有何种个性的社会人，与他们习得的社会角色和社会规范、形成的社会价值观念体系直接关联，而这些正是人的社会化和个性化过程中具有导向性质的因素。从影响儿童社会化和个性化的诸种外在因素的意义来说，德育的核心作用就在于促进儿童习得社会角色和社会规范，形成个体良好的社会价值观念体系。德育将儿童的思想品德导向何种方向，儿童的社会化和个性化就趋向何种方向。由此可见，德育能够制约个体社会化和个性化的方向。

2. 满足个体自我完善的需要

在正常情况下，人都应该是倾向于求得良心的安宁与和谐、追求自我完善的，也只有这样的人有可能是一个比较幸福的人。做一个有道德的人，并不是不利于自己，而是非常有利于自己，这种有利正是在于它能够满足自己人之为人的需要，包括社会性需要和精神性需要，特别是满足个体寻求自我完善的需要。因此，德育在于育德，无论是从其目的还是从其内容上看，都有利于满足人的自我完善的需要。随着人类社会的发展日趋文明和进步，满足个体自我完善的需要的环境和条件将不断得以改善和创新，德育的这种个体功能便会日益彰显。

3. 激发和调节个体的智能发展

智能是所有正常人都具有的基本素质。但是，对于为何发展智能，将智能发展到何种水平，在何种条件下为何种目的的发展和发挥智能，却是受人的世界观、价值观和信念、信仰以及由此转化而成的个体的目的、需要、动机的支配和控制的。个体越是崇尚真、善、美，追求真、善、美，就越具有探索、创新精神，个体的智能发展水平就越高。当然，个体因世界观、价值观的偏差所产生的不良的目的、需要、动机，也可能激发个体去钻研，去探索，个体的智能也会得到某种发展。无论前者，抑或后者，都需要德育去发挥其应有的作用，通过德育对个体品德施加积极、正面的影响来激发和调节个体的智能发展。

4. 促进个体的心理健康

按照现代社会对健康的定义，心理健康是个体健康的重要标准之一。个体的心理健康状况与个体的心境、情绪直接相关，而个体的心境、情绪又与个体所欲、所思、所想、所得、所失联系在一起。因此，从积极意义上说，通过德育培养人正确的世界观、人生观、价值观和良好的品行，有助于他们恰当地处理自己与自我、与他人、与群体、与社会的关系，保持良好的心理状态，避免认识上的片面性、绝对化，情感上的偏激、孤傲或软弱，以及行为上的失范或畏缩，形成良好的个性心理品质；从消极意义上说，借助德育进行思想疏导，也是解决心理问题、治疗心理疾病的有效途径。

（2）德育的社会功能

教育的发展具有社会制约性，同时它又与政治、经济、文化等共同构成社会大系统，并在其中发挥重要作用。就德育对社会稳定与发展的功能而言，虽然不同社会条件下德育对社会发挥作用的程度、范围乃至方式不尽相同，而德育的社会功能在不同时期也可能具有各种不同的表现形式，但概括起来不外乎以下两点：

1. 为社会的稳定与发展培养合格公民。

政治的稳定与变迁、经济的繁荣与发展、文化的传承与更新，都需要全体国民的主动参与和共同努力。德育通过培养人的品德来规定人的发展方向，使之成为社会稳定与发展所需要的合格公民。如：在政治领域，学校德育通过促进学习者的政治社会化、实现政治角色的认同，使之逐渐形成一定的政治思想、意识、观念，成为能够积极、主动参与社会政治生活的公民，有的还可能成为专门的政治人才；在文化领域，学校德育一方面通过传递一定的思想意识、价值观念和行为方式来影响儿童、青少年的社会生活和成长方向，另一方面又通过促进他们的自主性、创造性来形成他们自己的思想意识、价值观念和行为方式，二者都有利于他们在人生历程中履行其作为文化的承担者、传递者、改造者、创新者的角色。

2. 传播和倡导为社会稳定与发展所需要的思想、意识、观念和舆论。

社会的稳定与发展，除了要求专门的教育机构培养出一批又一批合格公民之外，还需要它传播和倡导一定的思想、意识、观念和舆论。这些思想、意识、观念和舆论一方面通过教育对象影响其家庭成员和周围人的思想和行为，从而来影响社会，这对于小学阶段来说尤其具有特别意义，毕竟小学生处于人生成长的早期，其心灵纯净，易于接受各种思想、观念，而他们的纯真和善良又十分容易打动每位家长的心，从而影响成人社会的思想、意识和观念；另一方面则通过教育机构的良好风气、氛围和环境来影响和教化社会的风气，从而影响整个社会风尚。显然，在专门的教育机构里，这些主要应该是德育的责任。如在经济和文化领域，学校德育通过倡导主体意识、科教兴国意识、可持续发展意识、全球化意识以及时间观念、效益观念、竞争观念、合作观念等来影响全社会的经济观念、文化观念的更新，推进全体国民由传统向现代的转变进程。又如，在政治和思想领域，学校德育通过倡导民主意识、责权意识、平等观念、法制观念等来影响全社会的政治、思想观念，促进全体国民的现代公民意识和行为方式的形成，以加速我国的社会主义民主化、法制化进程。

（3）德育对教育活动的导向功能

就人的发展而言，渊博的学识、卓越的才干、健壮的体魄，既可以用作实现积极、正确目的的手段，也可以用作达到消极、错误目的的工具，何去何从，完全有赖于人是否拥有美好的心灵、高尚的德性，而德育主要解决的是学习者的发展方向问题，直接反映着时代的特点和社会的要求，也反映着人类社会的应然走向。由此可见，德育在教育活动中具有导向功能，它直接规定着其他各种教育的实施方向，规定着学习者的发展方向，可以说，没有德育的教育是不可想象的，也是不可能的，教育总是具有德育性，只是程度不同而已。有鉴于此，古今中外不少思想家、教育家都把道德作为教育的最高目的。现代文化教育学派的开创者斯普朗格在思考和谈论教育问题时，就总是围绕"人是什么，人应当是什么"，"人作为人应当如何生活"这样一些问题，认为"善"应当作为全人格、全人生价值升华出来的总体价值，而"善"的获得只能依靠教育，"教育之为教育，正是在它是人格心灵的'唤醒'，这是教育的核心所在"。而随着人类社会对教育目的和教育功能的认识不断加深，现代社会不同国家和地区都十分重视把德育作为教育的核心部分，以避免教育事业的发展偏离正确的航向。

第三节　德育的目标

　　德育目标、德育内容讨论的是学校德育应当设定何种培养目标以及通过何种内容来达成培养目标的问题。社会在变，时代在变，德育目标、内容随之发生变化自然理所当然。可是，学校德育既是一种培养人的品德的活动，同时也是一种文化传递与创造活动，它虽然立足于现实，但主要还是指向未来的。这样，在设定德育目标、选择德育内容的过程中，如何使道德价值的可变性与稳定性相结合、时代精神和传统美德相结合、现实与长远相结合，就成为必须加以认真考虑的问题。在这个意义上，对"'勤俭'和'谦虚'统统下课"表现出担忧也就不无道理。当然，无论侧重何种目标和内容，如何使学校德育的实施能够真正从学生的生活实际出发，能够基于学生品德发展的内在心理机制，则是更具根本性的问题。

　　总体说来德育的目的在于完善德性、健全人格，在于"成人"。由于"止于至善"是社会个体的最高德性和最高道德境界，超越功利、无私利他，是其最根本的、最高的行为原则，自然地，"止于至善"应当成为德育的根本目的。

　　可是，教育者完全从"至善"这一目的出发来规划教育活动，以体现"至善"精神或境界的道德规范来引导儿童的思想和行为，却有着极大的局限性。一方面，"至善"以超越功利、无私利他为最根本的、最高的行为原则，若人人只是为了追求"至善"而生活，则在道德以外的层面上，社会无需进步和发展，因为物质财富的丰富、生活水平的提高，对于人类社会已无实质意义，这明显有悖于人性和社会演进的基本规律；另一方面，鉴于人性的复杂性和人类实践目的的多元性。

在社会生活中将任何一种价值推向极致，都可能直接危及其他价值的实现乃至可能存在的空间。"至善"亦是如此。因此，德育的目的就不应是为了"至善"而培养德性，不应以极少数人可能达到的道德境界去期望每个人都达到"至善"的境界，乃至成为"圣贤"或"圣贤之徒"。

在现代社会里，德育必须直接指向现实生活中每个具体的个人（非少数杰出者），指向个体由道德人格和非道德人格凝聚而成的人格整体，指向丰富多彩的、具有无限多样性的社会生活。这种指向，客观地要求德育必须与狭义的精神教育相区分，必须肯定人基于人的本性而生的欲望和需要的普遍性、客观性、合理性，必须充分注意到人生价值的自为性和个体的独特性。其主要责任在于：一方面，不是要无视自身基于物质条件的感性生活，更不是要以压制甚至抹杀感性生活为目的，而是要正视感性生活，肯定基于物质条件的感性生活的正当性、合理性，引导个体认识到自身的各种欲望和需要，并根据现实的可能性来符合价值地满足这些欲望和需要；同时，通过推己及人，让他们充分认识到他人所具有的、同样丰富多样的欲望和需要及其满足的合理性和现实可能性，做到自尊自爱、自强不息和理解他人、尊重他人，具有责任心和社会正义感，从而促进社会的民主、自由和公正。另一方面，要通过鼓励和施加教育影响，促进个体在自觉自愿的主观努力下，认识到感性生活的丰富性、全面性、多元性，并理智地对待感性生活；更重要的是，要引导个体去过理性生活——发掘潜力、启迪智慧、健全人格、伸展个性、追寻生活的意义与价值，并通过理性生活来提升感性生活，尤其是确立个人理想（包括道德），并不断地为实现理想而付诸行动，逐渐由习惯变成一种"自然本性"，从而在个性不断得以展示、创造力不断得以发挥、理想不断得以实现的过程中，逐渐提升自己的人生价值和精神境界、完善自己"人之为人"的德性。

基于以上认识，我们可以把德育的根本目的概括为：在完善德性、健全人格精神指引下，以善为指向，同时交融着真和美的追求，努力促进社会个体成为有道德的人，成为在道德上尽可能完善的人。由此实现社会个体作为自然人、社会人和精神人的统一。作为一种专门的社会活动过程，德育目的在实践中具体展开为：教育者通过有目的的、系统的、持续的努力，引发或促进学习者进行自觉自愿的自我安排、群体认同、社会参与，化规范为德性，化德性为德行，从而不断地完善德性、健全人格，由此增进个体幸福，促进经济发展、政治文明、文化繁荣和社会的全面进步。

第四节 德育发展的趋势

有学者指出，为了面对 21 世纪的各种挑战和艰巨使命，学校德育应总结正反两方面的经验，走立足现实、面向未来、批判继承、综合创新的发展道路，努力构建时代要求和未来发展的现代学校德育体系。这也是新世纪中国道德教育发展的大趋势。它具有以下几个特点：

第一，现实性与超越性的统一。

就道德教育的基础和功能来看，学校德育将摆脱在原有经济体制和社会结构基础上建立的陈旧模式，摒弃"回归传统"或"移植西方"的"济世药方"，真正立足中国现实，以当今世界环境下中国现代化建设的实践为根基，与社会主义市场经济和对外开放相适应，帮助学生树立正确的政治方向和价值观念，养成新型的道德规范和主体人格。而在反映和适应现实的过程中，学校德育又将面向未来，用萌芽于现实而又超越于现实的道德理想来引导人、培育人、激励人，促使学生不断去追求一种更加高尚的精神境界和行为方式，完善自我，提升人生，为创造共同富裕、高度文明的未来社会而奋斗，从而充分发挥道德教育对人的全面发展、对中华民族精神文明和整个现代化建设的重大促进作用。

第二，民族性与世界性的统一。

就道德教育的源流和特色来看，学校德育将以马克思主义为指导，以现代化建设实践为依据，以古为今用、洋为中用为原则。继承中华民族道德教育的优良传统，借鉴当代世界道德教育的文明成果，努力开拓自身发展、创新的道路。学校德育将尊重历史，进一步发掘整理和批判继承中国德育遗产，剔除其以小农经济和宗法专制制度为基础的封建性糟粕，吸取其具有普遍合理性的体现民族精神和符合民族文化心理特点的民主性精华，更重视发扬"五四"以来形成的进步的和革命的道德传统，并将其融入新构建的现代道德教育体系，使现代道德教育体系植根民族文化，富有中国特色。同时，学校德育又将面向世界，进一步加强同世界各国道德教育的交流与合作，抵制腐朽思想文化的侵蚀，博采适合国情的道德教育先进理论、材料和经验，并将其融入有中国特色的现代道德教育体系，使学校德育体系汇入世界大潮，更具时代气息。

第三，主体性与规范性的统一。

就道德教育的本质和目的来看，学校德育将不再单纯是从外部施加给人的说教和约束，而是以人为本，把道德作为人的内在需要，把学生作为成长着的思想道德主体来培养，以主体德性的发展和德性主体的建构为根本目的。因此，它将充分尊重学生的主体地位，切实实行道德教育的民主化，注重激发学生的道德自觉，着力提高他们的是非善恶辨别能力、自我教育能力、道德创新和实践能力。与此同时，学校德育又将重视"规范教育"，把合理规范作为经济社会发展的客观要求和人类道德文明与群体自律精神的集中体现，致力于适应社会主义市场经济体制和现代化建设需要的新型道德规范的养成教育，包括社会公德、职业道德、家庭伦理、学生日常行为等规范的养成教育，使这些规范转化为主体内在"自律"的要求，从而形成良好的文明习惯、人际关系和道德风尚，建立更加合理的社会生活秩序和个体生命秩序，为主体德性发展创设良好的环境，使主体真正获得对道德必然的把握即道德自由。

第四，实践性与科学性的统一。

就道德教育的重心和方式来看，学校德育将改变理论"灌输"为主和形式主义的教育方式，而以现代化建设实践中的实际思想道德问题、以指导学生的道德实践为重心，注重引导学生自觉地投身道德实践，把参加集体的社会实践活动与个体在日常生活中的道德践履、体验和修养结合起来，持之以恒，反复实践，养成习惯。让学生在实践过程中学习和运用正确理论，并使之转化为自己的思想认识和道德信念，在实践基础上实现道德认知、道德情感、道德意志、道德行为的统一和协调发展。以学生的实践为检验、评价道德教育效果的根本标准，不断提高道德教育的实效性。学校德育在增强实践性的同时，还将讲求科学性。它强调培养学生不仅以积极的情感驱动而且以科学的理性精神来进行道德实践、道德批判和道德创新，更多地运用观察、调查、实验、个案分析等科学方法和先进的科技手段来研究道德现象，了解教育对象，实施道德教育，总结经验，揭示规律，并在马克思主义指导下面向道德教育新的实践和新的发展，使道德教育学科建设达到一个新的水平，逐步实现学校德育的科学化。

第五，整体性与开放性的统一。

就道德教育的结构和体系来看，学校德育将打破单一、封闭的旧格局，建成整体性和开放性的"大德育"新体系。根据人的素质发展的整体性和影响人思想道德素质发展的因素的多样性，学校德育将从整体着眼，努力使学生学会做人，做"有理想、有道德、有文化、有纪律"的公民，促进其素质的全面提高和整体发展。一要整体规划，既有区别又相联系地安排各教育阶段的具体内容、实施途径和方法，形成科学序列和整体衔接。二要整体实施，把德育与智育、体育、美育等其他各育有机结合，寓于学校各学科各课程之中，并以社区为重要依托，加强各级各类学校、家庭、社会各方面教育力量的组织和配合，构成道德教育的社会网络和整体合力。面对各种思想文化相互交流和多元多彩多变的现代世界，学校德育不仅要有整体结构，还应该是一个开放系统。它将为了造就开放社会中能够自学自强自律的思想道德主体，而让学生置身于开放的教育情境和过程之中。它将在与外部环境的相互开放中，不断实现着自己的发展和更新，同时发挥着对文化的选择、引导、创造功能，从而成为一个充满生机和活力的现代教育体系。

当前，随着新一轮基础教育课程改革的普遍实施，以及《品德与生活》、《品德与社会》和《思想品德》课程标准（实验稿）的颁布和实验，我国学校德育课程改革在课程基本理念、课程建构方式、教材编写要求、课程评价侧重等方面出现了许多不同以往的变化。

　　具体来说，与以往学校德育课程相比较，当前学校德育课程的改革出现了五个方面的新变化，即"从知性德育向生活德育转变"、"从静态建构向动态建构转变"、"从有利于'教'向有利于'学'转变"、"从重理轻情向情理交融转变"和"从侧重甄别向侧重发展转变"，其基本内容和具体特征如下：

　　1. 从知性德育向生活德育转变

　　以往的学校德育课程，在内容上大多游离于学生的现实生活，局限于知识性的理论说教和抽象推导，常常因为缺乏社会生活的依托和确证而流于虚空、形式、无效，也常常因为难以帮助学生解释和解决现实生活中的道德问题或困惑而被视为"假、大、空"。因此，为了真正实现促进学生道德发展的教育目标，当前学校德育课程改革的基本理念就是由知性德育向生活德育回归。其理论支点主要有三：

　　第一，社会生活是道德及其教育的起点。道德始终存在于人的社会生活之中，起源并服务于维护社会秩序和增进社会团结的社会需要，脱离了人与他人、集体、国家的社会关系，就无所谓道德可言。同样，个体道德品质的培养、改善和提升，并不是为了道德而道德，而是为了维护和增进能使个人利益得以保障和个人生活得以发展的社会秩序和社会团结。

　　第二，学生的道德发展只有通过社会生活才能实现。社会生活是学生认识道德及其教育对己、对人、对社会的价值和意义的源泉，只有通过对社会生活中各种道德问题、困惑、冲突和挑战的认识、体验与感悟，学生的道德知识才能真正内化，道德观念才能切实确立，道德自我才能有效形成，道德水平才能不断提高。同样，学校道德教育只有回归学生的道德生活实践，才能取得实效。如果学校道德教育不能与学生的社会生活实践相联系，不能运用于学生的道德生活实践，不仅难对学生的道德发展产生应有的促进作用，而且会导致"知行不一"的异化现象。

　　第三，回归生活才能保证学校道德教育的综合性。社会生活本身是综合性的，它从家庭、集体、社区、国家、世界等不同方面，呈现出人与他人、社会、环境、文化的多种多样的相互作用关系，进而对人的道德发展提出了多角度、多层次、多水平的要求。因此，学校德育课程的设计必须营造和展示一种与社会生活本身一致的综合形态，努力使学生置身于他们生活中所能遇到的各种自然、社会、文化因素之中，不让学生的道德发展为自成体系的课程条块所分裂；同时，引导他们在各种环境因素、社会关系、社会生活的相互作用中，认识、体验和感悟道德教育的综合性要求，形成和发展各种良好的道德品质，进而增强他们道德实践的能力。

2. 从静态建构向动态建构转变

以往的学校德育课程，在建构上大多囿于各学科内容自身的体系，各部分或各年级学习内容既缺乏彼此间的内在联系，又难以适应学生的成长需要和学习规律。例如，以往初中德育课程的建构，按初一是心理健康教育、初二是法律常识、初三是社会发展史和国情来安排，这种安排虽然便于教材的编写，但是这种静态的建构方式人为地割裂了人与社会及其道德规范的联系，不仅在知识范围上难以满足各年级初中生思想品德发展对心理、道德、法律和国情等教育内容的综合需要，而且在知识深度和广度上难以适应各年级初中生。因此，为了适应学生的成长需要和学习规律，当前学校德育课程的建构强调由静态向动态的转变，明确提出学校德育课程的建构应当基础于学生逐步扩展的生活范围和社会化要求之上，应当按照学生生活范围扩展的逻辑和思想品德发展的规律去综合组织课程体系，以增强学校德育课程的针对性和实效性。其结果，当前学校德育课程的建构发生了两个方面的明显变化：

其一，课程内容的动态综合性。学生的生活范围是逐渐从家庭、学校、社区向更广泛的社会领域扩大的，他们的思想品德是伴随生活范围的扩大而发展的。因此，当前学校德育课程以"品德与公民"为主线，按照学生生活范围不断扩展的逻辑，从"成长中的我"、"我与他人的关系"、"我与家庭、学校、社区、国家和社会的关系"等相互递进的层面，将心理健康、道德、法律和国情等内容有机综合于"品德与生活"（小学 1~2 年级）、"品德与社会"（小学 3~6 年级）和"思想品德"（初中）课程之中。这样的建构方式，既使当前学校德育课程适应了学生成长的动态性，又使小学到初中的德育课程呈现出"九年一贯"的整体性。

其二，课程内容的螺旋上升性。学生的成长是各种社会关系日益复杂、各种社会要求日益提高的过程，他们的思想品德发展也是对各种社会关系的认识水平不断深入和实践能力不断增强的过程。因此，当前学校德育课程在强调内容结构的动态综合性的同时，注重内容深度的螺旋上升性，即针对学生的年龄特征及其主要社会适应问题，在各个年级的相应社会关系层次上逐渐深化学生的思想认识和品德要求。例如，"我与他人的关系"的内容深度，就是根据各年级学生的年龄特征及其主要社会适应问题，分别从"换位观"、"生态观"——"共赢观"、"对话观"、"分享观"——"多元观"等层次逐渐深入。这种建构方式，不仅符合学生学习的心理规律，而且符合学生成长和思想品德发展的社会要求。

3. 从有利于"教"向有利于"学"转变

尽管有利于教和学是课程建设的一贯要求，但是以往学校德育教材的编写更多地强调知识的载体性和传授性，对如何有利于教师的教考虑较多，而对如何有利于学生的学考虑较少，以致德育教学难以真正确立学生的主体地位，难以切实体现师生的互动关系。为了有效克服这一弊端，贯彻新一轮课程改革以学生为本的理念和要求，当前学校德育教材在编写上强调教学的对话性，即教材应当成为与学生对话的文本和平台，应当促成一种既有平等沟通又有自我表达，既有相互合作又有个人探索的教学互动关系。因此，当前学校德育教材在编写方式上出现了这样一些明显的变化：

第一，在教材编写中，把学生当作主角，以学生的视角和学生的"生活事件"来呈现教材的教育话题和案例，通过教师的引导。使"教材中的学生"和"教室中的学生"形成一种"我你"之间的对话关系，共同探讨、解决成长中的问题和烦恼，并在这种对话中使学生反思自己的生活经验，自主建构与教材主旨相吻合的思想观念和价值取向。

第二，在教材编写中，以学生乐于接受和参与的方式来组织、表述教学内容，并以符合学生学习规律和思想品德形成规律的方式来结构教学的过程和过渡环节，激发学生的主动参与，推动学生的自主建构，从而将教学内容的价值引导意图转化为学生发展的内在需求和自主选择。使教材真正成为促进学生思想品德发展的重要文本。

第三，在教材编写中，为学生表达思想感情、进行创造活动留出空间、提供方便，使学生真正拥有对话的主动权，产生动手学习的愿望，敢于、乐于敞开心扉表达、交流自己的所思所想、所感所惑、所欲所求，并在交流中小断反思、探索，进而产生情感共鸣、形成思想共识。

4. 从重理轻情向情理交融转变

尽管以往学校德育课程也一直强调道德教育既要"晓之以理"又要"动之以情"，但是在情与理关系的实践中，往往重理轻情。突出表现在两个方面：一是普遍把道德认识视为道德发展的主要引导因素，而把道德情感置于道德认识的从属地位，以至简单地以为只要晓之以理就能动之以情；二是更多地关注道德认识对道德情感的影响，而较少关注道德情感对道德认识的影响。其结果，以往的学校道德教育带有明显的唯理性倾向，重理性知识传授，轻感性体验内化；重外在理智控制，轻内在情感调节。在新一轮基础教育课程改革中，随着情感、态度和价值观目标的确立，情感在教育、教学中的重要性得到普遍重视，情理交融已成为课程建构的普遍要求。具体到学校德育课程，其主要体现在三个方面：

第一，强调德育过程是一个认知因素与情感因素互相作用的复杂心理过程，其中情感因素是德育过程中不可缺少的支柱，它不仅对于激发学生的学习热情、调动学生的学习主动性有着不可忽视的作用，而且对于促进学生对课程内容的德育思想的接受、感悟和掌握有着至关重要的影响。

第二，强调发掘课程内容的情感内涵，充分利用课程内容的文字表现力和形象感染力，让学生产生相应的情感"共鸣"，使课程内容对于学生具有主观意义，并使学生受到思想上的感染、感情上的陶冶，进而使课程内容中蕴含的德育思想真正"渗透"人心。

第三，强调通过改进教学方法、加强教学合作来激发与培养学生的积极情感与态度，使之由己及人或反求诸己，主动参与教学意义的建构，切实感悟和理解课程内容的含义和价值，进而促进知识能力与情感态度的协调发展和学生素质的整体提高。

5. 从侧重甄别向侧重发展转变

以往的学校德育课程评价，由于受有限的教育资源和传统的教育理念的影响，注重结果，侧重甄别和评优，其积极作用只能体现在少数学生身上，而其消极作用则由大多数学生承受，难以实现促进全体学生共同发展的目的。在新一轮基础教育课程改革中，随着"立足过程，促进发展"的新课程评价理念的确立，学校德育课程在评价的目的、内容、方法、手段和实施等方面出现了相应革新。

其一，评价目的的发展性。强调对学生进行评价并不是为了甄别和选拔，而是为了服务于学生的发展，即关注学生成长和进步的状况，并通过分析指导提出改进计划。因此，提倡在评价中使用鼓励性语言，客观、全面地描述学生的学习状况，充分肯定学生的进步和发展，更多地关注学生已经掌握了什么、获得了哪些进步、具备了什么能力、在哪些方面具有潜能，并帮助学生明确自己的不足和努力方向，使评价有利于树立学习的自信心，提高学习的兴趣，促进学生的进一步发展。

其二，评价内容的综合性。强调对学生学习的评价既要关注学生知识与技能的理解和掌握，更要关注他们情感、态度与价值观的形成和发展；既要关注学生学习的结果，更要关注他们在学习过程中的变化和发展。强调将形成性评价和终结性评价结合起来，注意给予学生足够的机会以展示他们的成绩。

其三，评价主体的互动性。强调改变单一评价主体的现状，提倡自评、他评、互评相互结合，并强调评价过程中主体间双向选择、沟通和协商——使评价成为教师、管理者、学生等共同参与的交互活动，进而使评价本身成为一种独特的德育过程，有助于学生形成民主、平等、合作等积极的情感、态度与价值观。

其四，评价方式的多样性。强调为了全面、真实、深入评价学生在情感态度与价值观方面的发展特点和趋势，强调采用定性与定量相结合的多样化方法，并提倡多用开放式的质性评价方法，如行为观察、情境测验、学习日记、成长记录等。

第五节　当代西方的主要德育模式

学校德育在实践中基于何种理念、按照何种方式来运作，涉及的是德育模式问题。按照美国学者哈什等人的说法，德育模式指的是一种考虑教育机构中有关道德关心、道德判断和道德行动的培育和形成过程的方式，它包括关于发展道德的理论观点以及促进道德发展的一些原则和方法。

我们可以对德育模式进行这样的界定：所谓德育模式，是在一定的德育理论或观念指导下，对品德培养过程及其组织形式、活动方式、操作程序、实施策略、评价机制等所进行的框架构想和方案设计。可见，完整意义上的德育模式包括：关于道德发展和道德教育的理论观点，促进道德发展和组织德育过程的基本原则，以及展开德育过程的组织形式、活动方式、操作程序、实施策略、评价机制等。

由于道德学习本身并非知识——技能的学习，所以，德育模式就不能依照知识——技能教学的一般程序，对"道德"进行知识点式的分解，并试图预设程序化的环节或步骤。在德育实践中，德育模式及其运作更多体现的是一定思想或观念指导下教育主体的创造性活动，而非某种标准样式或固定程式的具体展开。

当代西方几种主要的德育模式

（一）认知——发展模式

基于道德认知发展理论，科尔伯格认为，道德教育的目的就是一步一步地促进人们作出越来越成熟的道德判断和推理，一直达到理解平等、公正等普遍原则。为此，他对道德教育提出了这样几点意见：第一，道德教育要促进人们的道德发展按照一定的阶段和顺序来进行，教育者必须随时了解儿童的道德发展所达到的阶段和水平，并根据其特点循循诱导地促进其发展。第二，教育者不能以权威者的身份来从外面灌输道德观念，而是要创设教育情境、帮助学习者：（1）集中注意真正的道德冲突；（2）考虑儿童用来解决道德冲突的理由是否恰当；（3）找出儿童思想方法的前后矛盾或不恰当之处。第三，公正的团体生活、民主的管理方式、融洽的师生关系和良好的育人环境，对儿童的道德发展有着重要意义。有鉴于此，在后期的著作中，科尔伯格就十分注重教师作为道德认知发展的促进者和道德社会化的促进者的双重角色。

科尔伯格以其理论体系为指导，通过多年的教育实验，归纳出两种基本的道德教学模式。

1. 新苏格拉底模式

这是科尔伯格前期主张的道德教学模式。该模式根据苏格拉底"产婆术"式教学原理而得名，其核心思想是在德育过程中应用各种问题和情境，为他们提供相互交往和角色承担的机会，激发他们的学习兴趣，引发道德思考，在自动探究中提高道德水平。课堂道德讨论（包括两难问题的讨论、情境问题的讨论等）既是该模式在德育组织过程中的直接反映，也是该模式在德育实践中运用的最基本方法。在组织讨论中，教师所用较高阶段的观点或论据必须与儿童的逻辑思维和角色承担的发展水平相匹配，必须与他们现有的道德判断发展水平相适应。

2. 新柏拉图模式

这是科尔伯格后期所提倡的道德教学模式。在研究中，他充分认识到团体公正水平对个体道德发展具有重要意义。该模式突破了前期研究中主要培养道德尖子的局面，以公正团体来培养绝大多数健康公民为重点，致力于培养社会需要的绝大多数习俗水平的公民。该模式在德育实践中除了继续使用课堂道德讨论法以外，更多的是采用公正团体法，在创设公正团体中利用公正的机制来提高儿童的道德判断能力，培养他们的公正观、集体观，承担道德责任和实践道德行为。

（二）体谅模式

道德教育的体谅模式是以研究道德情感为主线的德育模式，它由教育专家麦克菲尔和他的同事共同创立，形成于 20 世纪 70 年代初期，曾风靡英国和北美。

体谅模式的道德教育目的重在提高儿童的人际意识和社会意识，引导他们通过学会关心、学会体谅来形成完整的、与他人密切关联的自我形象，并在关心、体谅之中获得快乐。麦克菲尔等人依据《英国学校道德教育课程方案》编写的《生命线》德育课程系列教材，系统地阐述了这种多关心、少评价的德育思想。《生命线》是专门为中学生开设的，由于教材具有极强的趣味性、通俗性，因此在小学也颇受欢迎。该教材共分三部分，各部分又分若干单元。第一部分："设身处地为他人着想"，主要是设计各种情境材料，这些材料源自人们在家庭、学校或邻里中经历的各种共同的人际问题，通过多种形式的活动激发儿童关心他人的道德情感，包括《敏感性》、《后果》、《观点》三个单元；第二部分："验证规则"，分《规则与个体》、《你期望什么》、《你认为我是谁》、《为了谁的利益》、《我为什么该这样做》五个单元，探讨一个少年的遭遇，借此向儿童提出一些他们将要面对的社会问题，给他们提供机会接触一些成年人的问题和为寻求解决问题做准备；第三部分："付诸行动"，旨在解决"如果是你，会怎样做"的问题，分《生日》、《禁闭》、《逮捕》、《街景》、《悲剧》、《盖尔住院》六个小册子，把历史上震撼人心的事件作为道德思考的出发点，让儿童以当时事件中的人物为角色进行道德上的探索。

体谅模式重视道德情感，强调关心他人，将道德情感和道德判断相结合，注意观察学习、教育环境对于道德教育的重要性。同时，还十分注意道德教育的实证研究和教育实验，特别是在道德教育思想、观点的指导下编写教材、分系列并进行实验，有重要的借鉴意义。不过，作为一种德育模式，体谅模式的理论基础并不十分明确，且较混乱，表现在理论上主张依据人本主义，而实践中却又以认知发展理论、社会学习理论为指导等。同时，该模式对师生应在德育过程中如何发挥作用的阐述亦不明确。

注重从情感入手来实施道德教育，也是当代美国女教育家诺丁斯的基本主张。诺丁斯认为，"关心是一切成功教育的基石"。关心既表现为人与人之间的相互关系，也代表着"建立关心的人际关系"的某些能力。从吉里根等人所倡导的关心伦理角度出发，诺丁斯提出了道德教育的四个主要组成部分，即榜样、对话、实践和证实。

（三）社会行动模式

社会行动模式是从注重公民行动、培养公民参与社会公共事务能力的角度来探讨教育问题，它最大的特点就是将个体的道德发展与市民积极、主动参与社会变革联系起来。该模式是由美国学者弗雷德·纽曼等人创建的。纽曼等人在其代表著作《公民行动指南》（1975 年）、《公民行动技巧》（1977 年）中，较为全面地阐述了社会行动模式的理论观点和实施方法。

纽曼等人在对以前的道德教育进行全面分析之后，认为以前的道德教育只注重市民对社会环境的适应，没有涉及公民如何有效行动的问题。由此，他们提出，道德和公民教育不应只强调活动本身，而应注重培养儿童的"环境能力"，即公民用自己的行动来影响社会环境的改造。在实质性的能力、人际关系能力、公民行动能力三者之中，他们尤其强调公民行动能力，即公民影响公共事务的能力，把公民行动放在首位。

根据自己的理论设想，纽曼在威斯康星州麦迪逊市的一所中学里对社会行动模式进行了实验。他设计了一门叫做"社区问题方案"的课程，课程分两个学期进行学习，包括政治法律课、社交课、社会服务实习、公民行动安排、文学研习公共交流等六门课。该课程注重培养儿童的七种公民能力：交际能力、搜集资料的能力、陈述能力、决策能力、合作能力、探究问题的能力和施加影响的能力。

关于如何才能使这种模式取得实效，纽曼认为，教师在公民行动课程的教学中的作用十分重要。教师既是信息提供者，又是顾问、某领域的专家和活动家。此外，为保证社会行动课程的开设，纽曼还提出了设置公民实验室、成立公民委员会和让儿童参与决策等辅助条件的主张。

（四）价值澄清模式

价值澄清学派产生于 20 世纪 60 年代，是美国当代道德教育复兴运动中最有争议、影响广泛的一种学校德育改革流派。其代表人物是拉斯、哈明、西蒙等。他们合著的《价值与教学》是该学派的奠基性文献。从严格意义上讲，价值澄清理论并非德育理论，因为它关心的是更广泛的人类价值及其教学问题。

价值澄清理论以两个理论假设为前提。其一，当代儿童处于价值观互相冲突的社会之中，这些价值深深地影响着他们的身心发展；其二，在当代社会中，根本就没有一套公认的道德原则或价值规范体系。因此，价值澄清论者侧重以下几点：（1）在个人和社会的关系上，强调价值的个人意义，强调价值源于个人的经验，服务于个人的生活，要"通过改变个人从而改变社会"；（2）在理智和情感、行为的关系上，基本上强调三者的有机统一，它们的整合是价值形成的必要条件；（3）在形式和内容的关系上，强调内容为形式服务，内容是可变的，形式是不变的；（4）否认"道德原则"这一概念，坚持价值的经验特性，反对"灌输"，认为价值澄清的主要目的是"帮助儿童澄清他们的价值陈述和行为"，以适应不断变动的社会。

他们认为，价值澄清即是"利用各种问题和活动教授评价过程并帮助人们熟练地应用这一评价过程"。这一评价过程可以分为诸多步骤。拉斯最初提出了三个过程六个步骤，后来柯申鲍姆又提出了一个新的模式。此外，在课堂教学中，价值澄清理论还创设和运用了许多价值澄清策略，如：对话策略、书写策略、讨论策略、澄清反应法等。

价值澄清理论具有现实性、实用性、可操作性和有效性，德育模式的体系较为完善。从理论上看，价值澄清理论强调了主体内在因素特别是思维、情感以及个人内部的选择、评价过程在价值形成中的作用；在德育过程中其大量的德育方法、策略亦具有较为广泛的适用性。不过，对价值的个体特性的过分强调，极容易导向价值相对主义，而如何架构个体的价值认知与相应的道德行为之间的桥梁，也似乎需要深入探讨。

（五）品格教育及其模式

自20世纪80年代起，品格教育运动在美国得以复兴并不断推进。美国品格教育协会将品格教育广义地定义为：学校教职员工与家长、社会各界人士通力协作，有目的、有意识地促进儿童、青少年成长为会关心、有节操、负责任的人的诸种活动或行为方式。有的学者更是将之简洁地定义为：品格教育即知善、爱善、行善。

美国品格教育学会确定的品格教育的11条原则，可以大致反映出品格教育的基本主张。这些原则包括：（1）具有普遍、实质意义的核心伦理价值，诸如尊重、关心、诚实、公平、责任等培养品格；（2）"品格"必须包含认知、情感和行为三要素；（3）有目的、有意识、全方位地促进核心价值；（4）学校必须是一个充满关心的社会共同体；（5）为儿童提供道德实践的机会；（6）为儿童提供尊重并有助于他们获得成功的各类课程；（7）激发儿童的内在动机；（8）全体教职工必须成为教育共同体的成员，并努力以共同的核心价值指导儿童；（9）注重品格教育的专门管理；（10）父母和社区成员共同参与；（11）对品格教育工作和品格教育成效进行综合评价。

尽管如此，品格教育论者的出发点并不完全相同，他们对于道德和道德教育的基本问题，诸如价值的存在方式、道德的社会作用机制、品格的形成与发展、学校的职能及其价值取向等的理解也有着明显差别。因此，在貌似一致性的背后，发展中的品格教育存在诸多分歧。这些分歧主要集中在：（1）侧重培养道德行为习惯还是发展道德理性和训练道德敏感性；（2）侧重培养个体品格还是公民品质；（3）品格存在于个体本身还是环境或共同体活动之中。由此，实践中的品格教育形成了多种模式或流派，诸如：关爱团体模式、道德——社会性发展的建构模式、儿童发展模式、折中模式、传统模式等。不过，在品格教育的具体实施方面，不同模式或流派都主张：（1）直接的道德教学侧重习惯或品行训练；（2）间接的道德教学侧重道德认知、道德——社会性的发展、成人指导下的人际互动；（3）团体建设，侧重环境建设和人际氛围。它们所运用的教育策略或方法主要包括：寻求共识、合作学习、文献阅读、冲突解决、道德问题讨论与探究、社区服务等。

第二章

班主任在德育建设中的素质要求

第一节　班主任在德育建设中的角色

自古以来，人们都非常重视教师在道德教育中的地位和作用。但是，由于对儿童及其发展的认识不同，人们对道德（或价值）教学过程的理解存在差异。因此，对于道德教育中教师应当扮演何种角色，人们的主张却不尽相同。概括起来，这些不同主张可以大致区分为三种基本立场，即：权威主义、中立主义和调和论。

1. 权威主义

视教师为道德权威，是一种古已有之的传统观念。在中国古代，荀子重"礼"，又认为天地君亲师乃礼之本。"礼者，所以正身也；师者，所以正礼也。无礼何以正身？无师，吾安知礼之为是也？""非礼是无法也，非师是无师也。"因此，"国将兴，必贵师而重傅……国将衰，必贱师而轻傅"。韩愈在《师说》中更是明确指出："师者，所以传道、授业、解惑也"。"是故无贵无贱，无长无少，道之所存，师之所存也"。作为力倡儒家思想的代表人物，韩氏所谓的"道"，自然地包括"人伦之道"。显然在他看来，作为"人师"，首先必须是"道"的拥有者和道德权威。

在西方近现代，这种立场多以经验主义者、行为主义者和社会本位论者为代表，洛克和涂尔干被视为该立场的主要代表人物。洛克从经验论立场和"白板说"出发，认为致力于培养青年绅士的导师，"应当具有良好的教养，懂得对于什么人、在什么时候以及什么地方应当有什么样的举止与礼貌；并且要在学生所要求的范围内尽量使学生遵守"。因为导师的作用"在于塑造学生的言行举止，培养学生的心灵；在于使学生养成良好的习惯，树立德行与智慧的原则……"社会本位论者涂尔干更是明确提出："规范是通过教师展示给儿童的"，"正是通过他的中介作用，儿童才能与道德实在沟通"。所以，"像牧师是上帝的诠释者一样，教师是他的时代和国家伟大的道德观念的诠释者"。

道德教育中的权威主义立场，虽然有利于确立教师作为教育者的主导地位和个人权威，却容易导致灌输和压服，使复杂的教育过程简单化、机械化，因此，当代德育论者对这种立场大多持否定态度。

2. 中立主义

中立主义立场产生于复杂、多元的现代社会。在西方，鉴于文化的复杂性和价值的多元性，也鉴于个体需要的丰富性和个性差异，一些学者在人本主义旗帜之下，基于对灌输、说教的否定，提出教师在价值上的中立立场，即：教师不能把某种特定的价值信仰、社会规范体系，或者自己所持有（或所信奉、所赞同）的价值、信念、行为准则和生活方式带入教学过程，从而直接影响学生的态度、情感、价值观、行为倾向和人格品质等。美国的价值澄清学派和英国的人本主义课程论者劳伦斯·斯腾豪斯是这一立场的主要代表。价值澄清学派认为，价值属于个人的事情，由个人自由思考并审慎抉择。在价值教育中，教师的地位是"中立的"，他只能是教学过程的组织者和促进者。斯腾豪斯也认为：在道德教育过程中，教师的中立意味着"教师不发表自己的意见；对学生的观点和教材中所包含的价值不予评论；可以回答诸如意义等问题，但不能提供事实知识"。

中立主义立场是矫正道德教育的灌输特性的一剂"苦药"，但片面强调价值的个体性和学生的价值自主性，却容易在理论上陷入价值相对主义的漩涡，在实践中则可能成为教师逃避育人职责的借口。所以，自20 世纪 80 年代开始，价值澄清理论受到理论界的广泛批评，价值澄清方法也在实践中随着品格教育影响的深入而得以改进。

3. 调和论

绝对的权威论者和中立论者并不常见，更多的人则持有比较中允的调和论立场，视教师为教育过程中的指导者、领导者、组织者。随着师生双方作为道德主体的深入认识，人们开始较多地关注教师的交往者、沟通者角色。实用主义教育家杜威从促进儿童的生长出发，就既反对"权威"模式，也反对"放任"模式，认为"教师在学校中并不是要给儿童强加某种概念，或形成某种习惯，而是作为集体的一个成员来选择对儿童起着作用的影响，并帮助儿童对这些影响作出适当的反应"。同时，教师应当在教育活动中起到领导者、组织者的作用，且无论教师还是学生，愈少意识到施教与受教、影响与被影响过程的展开就愈好。同样地，价值教育理论家论克里夫·贝克也非常反对道德与价值教育的权威主义立场，指出："要完全避免权威主义是相当困难的，但是，使我们的教学成为非权威的和对话式的教学应当成为我们的理想。教师应尽其所能地为他们的学生服务，与他们共同努力以确保对话的实现。"

在我国当代，对于道德教育中的教师角色虽然也有着多种看法，但在实践中，由于教师作为教育者的主导地位和学生普遍存在的"向师心理"，以及千百年来所形成的教育传统，往往容易使教师基于社会角色的权威地位成为事实。因此，要恰当把握教师在道德教育中的角色，应充分认识到：第一，教师并非至上的道德权威或道德仲裁者，但教师必须是道德的信奉者、示范者。无论出于何种立场，教师在道德教育中都具有教育者、示范者的角色；以身作则、为人师表，是对教师提出的职业道德要求。

第二，教师作为教育者、示范者，不能把自己的道德（或价值）立场强加给学生，而更多地扮演的是指导者、示范者角色，是对学生进行价值引导。因为"教育"一词本身就具有"价值引导"和"价值选择"的意蕴。

第三，教师的价值引导必须是正当的和在道德上正确的。所谓"正当的"，就是合乎人性、合乎社会运行法则；所谓"在道德上正确的"，就是有利于促进个体发展，有利于维护个人权利和提高社会福利，有利于提升人的价值和精神境界，有利于达成社会公正。同时，教师的价值引导应当尽可能保持道德（或价值）自身的权威性，而不是为了维护教师作为权威者的形象，或者为不恰当乃至错误的学校（或班级）管理目标服务。

第四，教师在道德教育中的角色并非"铁板一块"。对于处在不同年龄阶段和不同道德发展水平上的儿童，列于不同性质的价值范畴，对于不同层次的德育内容，对于不同的"教育场景"，在角色扮演上都存在着一定程度的差异。

以上关于道德教育中教师角色的认识，同样适用于负责班级全面工作的班主任。

（二）班主任的角色及其转变

一般来说，在班级管理与教育中，班主任履行的角色有：（1）专业的教育者，（2）关怀者，（3）指导者，（4）示范者，（5）咨询者，（6）管理者，（7）组织者，（8）协调者，（9）交往者，（10）合作者，（11）监护者。其中，教育者、管理者和指导者，是班主任在班级教育实务中扮演的主要角色。作为教育者，班主任的角色与其他教师的角色并无二致，因此，班主任是否能够履行职责，在很大程度上取决于其管理者和指导者的角色。

然而在实践中，当学校重视并突出班级的组织特性，遵循组织管理的一般原理、按照科层组织的实践模式来落实班级教育时，班主任的角色往往很容易被窄化为"管理者"。班主任作为"管理者"的意义在于，透过学校组织所赋予的权力性特征和师生关系中所秉承的权威性特征，班主任教师能够对班级这样一种特殊的社会群体进行外在联结（与家长、与其他教师、与学校等）和内部整合，使班级形成一个对其成员具有较强的约束力和控制力的正式群体；同时，由于学校中的活动与交往，包括课堂教学、课外活动、社会实践等，大多数情况下都以班级为基本组织单位，班主任教师便可根据自己在师生交往与互动中的主导地位来对个体或群体施加直接影响。两相结合，班主任便成为"学校领导者实施教育、教学工作计划的得力助手"。

班级组织的功能自足性和半自治性，决定了班级组织方面需要来自教师尤其是班主任教师的组织、协调、控制、监督，另一方面更需要来自他们的尊重、理解、沟通、指导。学生作为发展主体的自主性、自觉性、能动性、创造性，正是在这种外在控制与内在诱发相交织的统一过程中，通过他们自己独特的话语意境和做事方式来得以发现、发挥和发展的。从班级组织的目标和功能特性来说，后者往往比前者显得更为重要。从这个意义上说，班主任的角色更多地应是指导者而非管理者。正因为如此，班主任时常被人冠以"班级导师"之名。

因此，在当代班级德育中，班主任要有效地履行育人职责、取得教育实效，必须实现由管理者角色向指导者角色的重心转移。

第二节　班主任在德育建设中应具备什么素质

班级德育中班主任的素质，与学校德育对教师的素质要求相一致。不过，从道德教育的专业性看，和专门的德育课程教师一样，班级德育中的班主任作为健全人格的指导者和道德成长的促进者，应当具有更高、更全面的素质要求。

美国品格教育学者凯文莱因认为，教师要真正发挥道德教育者的作用，必须具备七种资格或能力：（1）教师必须是良好人格与有德之士的积极典范；（2）教师必须将学生的道德生活与人格发展视为专业的责任和首要的工作；（3）教师必须能使学生参与道德的讨论；（4）教师必须能清楚地表明自己的道德观点以及在一系列伦理与价值问题方面的明确立场；（5）教师必须帮助学生同情他人的道德处境；（6）教师要能在课堂上创造积极的道德气氛，也就是建构一个相互支持和关切的道德环境；（7）在校内或社会上，教师要能提供学生参与活动的机会，好让他们有表现伦理与利他的行为经验。

根据国内学者阐述教师素质的一般做法，我们可以从品德素质、专业素质、身心素质等三个维度来阐述班级德育中班主任的素质。

（一）品德素质

班主任的品德素质包括个人道德修养和职业道德两个基本侧面。

班主任的个人道德修养，是班主任在日常交往和教育活动中，通过言谈举止、待人接物所体现出来的精神风貌。在班级德育中，班主任由自尊、自信、尊重、诚信、合作、公正等品质而显现出来的人格魅力，是一种直接而有效的教育影响力。班主任的职业道德素质，即班主任从事班级德育工作必须具备的道德素养，包括工作态度、工作品质、行为准则和专业精神等。从班主任作为现代公民和德育专业工作者的角度来说，班主任的职业道德素质实际上也是班主任个人道德修养的重要组成部分。

班主任职业道德规范与教师职业道德规范相一致。关于我国中小学教师的职业道德规范，1984 年，教育部和全国教育工会就曾联合颁发了《中小学教师职业道德要求》（试行草案）。1991 年 8 月，原国家教委、全国教育工会在试行草案的基础上公布《中小学教师职业道德规范》，1997 年再次修订后颁布。《规范》明确规定：依法执教、爱岗敬业、热爱学生、严谨治学、团结协作、尊重家长、廉洁从教、为人师表等八条，是中小学教师应当遵守的职业道德规范。为了适应和满足中小学教育改革与发展的新形势、新需要，2000 年 8 月，教育部又发布《关于加强中小学教师职业道德建设的若干意见》，提出在进一步贯彻落实教师职业道德规范的基础上，通过加强中小学教师职业道德建设，努力使广大教师做到：（1）要拥护四项基本原则，遵守国家的法律法规；不得有违背四项基本原则和国家法律法规的言行。（2）要宣传普及科学知识；不宣扬封建迷信和歪理邪说，不参与邪教活动。（3）要热爱学生，尊重学生人格；不讽刺、挖苦、歧视学生，不体罚或变相体罚学生。（4）要为人师表，廉洁从教；不强制学生购买教学辅助材料，不向学生推销商品，不向学生和家长索要财物，不利用职务谋取私利。（5）要模范遵守社会公德，语言规范健康，行为举止文明礼貌；不赌博，不酗酒，言行不违反社会公德。（6）要努力实施素质教育，不断提高教学质量，正确评价学生；不公开排列学生的考试名次，不单纯以学习成绩评价学生。（7）要密切与学生家长的联系，坚持进行家访；不指责、训斥学生家长。（8）要关心集体，尊重同志；少做有损集体荣誉和不利同志团结的事。

以上这些规定，既体现出一般性的原则要求，也包含着具体的行为准则、规范，是班主任在班级德育中应当努力践行的。

（二）专业素质

班主任的专业素质包括德育意识、德育知识和德育能力。德育意识主要表现在：一是专业意识，即意识到班级德育和班主任工作的专门性、专业性，并非任何人都可以胜任班主任职责、能够有效地开展班级德育工作；二是角色意识，即意识到履行班主任岗位职责所具有多重角色，意识到在具体的教育情境中所应当扮演的角色；三是情境意识，即意识到一定的社会情境中所隐含的德育价值，以及面对此种情境应当采取的德育方法、策略，体现着班主任的教育机智。

德育知识是班主任作为德育专业人员所必备的知识，包括专业知识素养和一般知识素养。在专业知识素养方面，班主任除了拥有一般教师所应具备的教育理论素养之外，尤其应当具备道德哲学、品德发展心理学、德育心理学、德育理论等方面的知识，以及道德问题情境设计、道德问题讨论的组织、青少年发展辅导、品德评价等方面的技能。英国教育哲学家赫斯特认为，专门从事道德教育的教师"应该对道德的本质有所研究，对道德的适当领域有必要的合理的理解，而且在道德的教学上受过专门的训练"。在一般知识素养方面，班主任应当具有广博的科学文化知识和丰富的日常生活经验（直接的或间接的）。它们虽然不属于专业知识的范畴，却有助于提升个人形象、增强榜样示范作用和提高德育能力。在这个意义上，二者具有德育知识的特性。

德育能力是班主任有效实施班级德育的现实基础，突出表现为：

（1）组织管理能力。班级德育是在教育性的活动与交往中进行的，而班主任是班级群体的管理者、组织者，因此，班主任的组织管理能力在某种程度上直接决定着班级活动的有效性。（2）沟通协调能力。在班级德育中，不仅教育性的活动与交往、班级群体指导和个别指导需要积极的人际沟通和协调，而且，校内外教育力量的调动、教育合力的形成也需要积极的人际沟通和协调，沟通协调能力由此成为班主任重要的能力素养。（3）移情能力。班主任的移情能力，既体现为班主任与科任教师、辅导员等相互之间的理解、认同和合作，更表现为班主任对学生及其处境的理解、同情、接纳和信赖，其根本点在于设身处地、将心比心。（4）自我调控能力。包括：面对具体的教育情境和现实的工作处境、状况，对自己的情绪、心态进行调控的能力；面对多重角色所产生的角色不一致乃至冲突而进行调控的能力等。

（三）身心素质

在当今社会里，生活节奏快、工作压力大、矛盾冲突交织、事业成就感不足等，使得中小学教师的身心健康问题正在加剧。无论是从改善教师的生活境遇出发，还是从提高学校的教育质量着眼，关注教师的身心素质都是切中之题。班主任作为班级德育的主要承担者，健康的身体和良好的心理素质，包括自尊、自信、豁达开朗、负责、情绪稳定，以及不急躁、不粗暴、不褊狭、不多疑、不冷漠等，更是不可忽视的。

提高班主任的素质，除了加强职前培养和职后培训之外，更多地需要班主任在日常的工作、学习和生活中，通过广泛的交流、合作和自我反思、自我修养、自主提升来实现。

第三节 班主任在德育建设中面临的现实问题

一、角色转换问题

从 20 世纪 70 年代初联合国教科文组织提出"学会生存",到 80 年代末国际社会提出"学会关心",直至近年来我国基础教育改革中大力倡导的"一切为了学生的发展",我国教育事业的发展走向体现了从"学会生存"、"学会关心"到"学会发展"的跨世纪超越。与之相应,我国学校德育的指导思想也发生了根本性的变化,那就是从以道德主体(学生)的德性发展为本,走向主体性与发展性相结合的人性化德育。其主要特征可以概括为四个方面:在对象上,从物化走向人化;在方法上,从灌输走向对话;在功能上,从限制走向解放;在内容上,从分离走向融合。

学校德育指导思想的变革,自然对班主任德育提出了新的、更高的要求,并对班主任及其在德育工作中的角色赋予新的内涵。具体来说,它要求班主任在班级德育工作中实现以下角色转换:

其一,由单一型向多元型转换。在相当长的一段时期内,班主任只是学科教师的一种自然延伸,似乎只要是学科教师,都可以担任班主任。如今,这种现状已经远远落后于社会和教育发展的要求了。现代德育意义的班主任,其任务要求及其角色内涵是丰富的:他是班级工作的组织者,班集体建设的指导者,学生健康成长的引领者,学校思想道德教育的骨干,沟通家长和社区的桥梁,实施素质教育的重要力量。与单纯的学科教师相比,班主任的育人责任更重、要求更高。

其二,由限制型向关怀型转换。以往的一些班主任,往往过多地关注学生不成熟、不自觉、易犯错的一面，因而在班级管理与德育工作中限制多于关怀、教训多于鼓励、命令多于引导，有形无形地把学生当作"工具"来打造，以致侮辱人格、精神虐待的现象屡禁不止。

现代学校德育要求班主任把学生当作一个有价值、有尊严、有潜力、能不断发展向上的人来看待。要关怀学生的精神生活、尊重学生人格，要关怀学生的道德成长，促进学生身心的健康发展。

其二，由灌输型向对话型转换。灌输是以往班主任德育乃至学校德育的普遍弊端，其突出的单向说教性质实际是控制性、奴役性的体现：把学生当作"可被别人占有的东西"对待。当作"驯服工具"培养，当作"美德之袋"进行"德性"注入。将班主任德育等同于实施居高临下的单向影响，既违反了人的本性，也违反了德育本质。从灌输型向对话型转换，意味着从奴化性德育走向自主性德育。从现代学校德育观念来看，班主任德育是班主任与学生的相互影响，是"我——你"共同参与、教学相长、品德共进的对话过程，也是"我——你"相互理解、相互悦纳、相互勉励、相互启发、相互涌动、相互创生、共同发展、共享快乐的过程。自主性德育并不是否定、降低班主任的德育作用，而是在德育方式上对班主任提出了更高的要求，期望班主任在尊重、理解、爱护的基础上，用自己的学识、言行、境界、风范，启发、引导、帮助学生去思考、理解、体验、选择、行动。

其四，由高耗型向高效型转换。以往的班主任，大都没有受过专门的班级管理和班级德育方面的培训，他们的工作往往是以经验为主，凡事从做中学，摸索前进。尽管也有老班主任的经验传授，但是不少人要走许多弯路，甚至一些人还会形成许多似是而非的"经验"、"妙方"，以致我们班主任德育的工作水平多数属于"高耗型"。班主任德育实践和优秀班主任成功经验表明，班主任德育作为作用于学生心灵的工作，是科学性与艺术性的统一，是教育规律与教育智慧的结晶；要做好班级德育工作，不仅要有热爱学生、品德高尚、为人师表、团结协作等个人素质，还要具备符合现代德育与素质教育要求的教育观念，掌握教育学、心理学的基本知识和方法，熟悉相关法律法规。只有这样，我们的班主任德育才能变"高耗"为"高效"。

二、工作状况问题

尽管基础教育领域优秀班主任层出不穷，但是我们班主任的整体工作状况并不容乐观。据悉，目前超过半数以上的中小学教师不愿做班主任。安排班主任难已经成为当下摆在学校管理者面前的一大工作难题。例如，北京某中学的李老师自毕业进校以来已经当了8年班主任了，一听下学期又要安排自己带一个班，立马决定辞职。问其原因，他表示："这么多年的班主任，我已经当怕了，每天像上满了弦一样，再不停下来我就要崩溃了。"再如，在某地区举办的一次教师互动式培训中，"下学期不再当班主任了"竟成为多数教师"最大的愿望"。

从某种意义上说，这可能是班主任德育面临的最大的现实问题——我们的老师连班主任都不愿意当，班主任德育工作还从何谈起？

究其原因，有这样一些：

第一，工作时间长，缺乏成就感。现在许多中小学教师每周工作时间平均都在60小时以上（还有一项统计表明，我国中小学教师人均日劳动时间为9.67小时），班主任则更长，特别是初二、高三的班主任。况且，除了管理班级的工作，班主任还要搞教学。如此长的工作时间让许多班主任失去了休闲、社交及亲情沟通、进修提高的机会。许多班主任长期疲劳工作，生活缺少规律，身体处于亚健康状态。久而久之，他们必然对班主任这项重复、单调而且复杂艰巨的工作产生厌烦感。比劳累更可怕的是，不少班主任觉得这样的工作没有成就感。"我觉得自己的工作就像管家婆，根本谈不上创造性，没意思。"甚至一些老师把班主任工作当作额外的负担，对班主任岗位与自己专业发展的关系缺乏认识，也缺少应有的抱负。在这种心态下，不少老师当班主任完全凭着经验与感觉。缺乏基本的理念认同，对班主任与学生成长的关系更是缺少深入的研究。

第二，工作难度大，工作压力重。从表面上看，现在的学生讲求个性、追求开放，但其实他们内心很封闭，一般的面上教育很难触动他们，只有真正走入他们心灵的教育才能起作用。这给班主任的教育提出了更高的要求，也给班主任的工作增加了难度。学校工作千头万绪，许多工作的落实都要通过班主任来实施。许多学校还把班级的教学质量与班主任的工作实绩挂钩，就连学生家长和社会舆论也主要通过"班级升学率"这个墨镜看待班主任工作能力。过去都说"分数是老师的法宝，学生的命根"，实际上，"分数现在也是老师的命根"。如此巨大的工作压力，让许多教师对当班主任心存畏惧。

第三，学校德育的功利化。尽管没有校长承认自己不重视班主任德育工作，但是在实际的学校管理中，功利化的倾向随处可见。有位班主任将之归纳为如下五点：

1. 门面。对校长来说，什么叫德育？就是学校不要出事情。学生没有违法犯罪，学校的德育就过得去了；学生一旦有问题，班级德育全盘否定（在考核中叫做一票否决。而一票否决说是否真的科学？）。所以德育等于防止违法犯罪。我并不否认法制教育是德育的重要内容，但绝不会是唯一内容吧。当班级德育仅仅被等同于防范教育的时候，我们的德育是不是有点可怕？

2. 保证。德育是为教学服务的，校长们说，学校德育工作很重要，学生品德不好，哪里还能好好学习呢？所以要提高教学质量，德育工作是一个保证。表面上好像挺辩证，德育与教学的关系论述得很清楚，可是骨子里呢？德育是教学的服务员，教学是学校之本，德育是学校之助手；学习成绩是学生之根本，品德养成是为提高学习成绩服务的。当口口声声叫着"德育为首"的时候，却在实际中把德育的地位降到一低再低。所谓说起来重要，做起来次要，忙起来就什么都不要了。

3. 点缀。在我们很多的学校里，至高的德育沦为点缀性的花瓶，所以他们的德育是有时效性的。在学期的中间，热闹一番，算是搞德育了；而临近考试了，他们会说"考试都来不及了，哪里有时间抓德育"。敢情那德育是闲着没事的时候才需要抓的，殊不知越到考试越要德育呢。面临考试的德育最可怕，因为如果成绩不好，你的德育就不可能是好的："班级成绩这么差。德育还好得出来?"用以考评教学质量的试卷同时也成为了考评德育效果的试卷，我们的德育岂不可怕?

4. 说教。不要说我们教师觉得德育可怕，就是学生也觉得德育可怕。在学生的头脑中，德育有时候就像一个唠叨的老头儿。不讨人喜欢，搅得人心烦意乱；有时候又像执行任务的警察，实枪实弹，令人心悸。

5. 万能。对于德育，学校倒并没有花多少心思，然而对于德育的功能，校领导却谁都可以有着类似万能的要求：成绩不好，德育有过；地扫得不干净，根子当然是德育；劳动观念有问题，是德育惹的祸；学习态度不端正……

班主任及其德育工作的现状，的确令人深思。

三、培训保障问题

现代学校德育发展对班主任德育角色转换的新要求，以及班主任及其德育工作的现状，使得班主任的专业培训和工作保障自然成为班主任德育工作亟待解决的现实问题。

教育部 2006 年 10 月 16 日专门发文——《关于进一步加强中小学班主任工作的意见》，要求各地教育行政部门和中小学校，充分认识加强中小学班主任工作的重要意义，进一步明确中小学班主任的工作职责，认真做好中小学班主任的选聘和培训工作，切实为中小学班主任工作提供保障，以利于深入贯彻落实《中共中央、国务院关于进一步加强和改进未成年人思想道德建设的若干意见》，充分发挥中小学班主任教师在学校教育工作中的骨干作用，促进学生德、智、体、美全面发展。

这个文件对于解决班主任及其德育工作的现实问题，可算是"及时雨"。其中，谈到班主任培训问题，教育部明确指出：各级教育行政部门应将中小学班主任培训纳入教师全员培训计划，学校也应制定班主任培训计划，有组织地开展岗前和岗位培训，定期交流班主任工作经验，组织班主任进行社会考察，提高班主任的政治素质、业务素质、心理素质和工作及研究能力；教师教育机构要承担班主任的培训任务；教育硕士学位教育中应开设中小学班主任工作方面研修课，并优先招收在职优秀班主任；班主任培训所需经费在教师培训专项经费中列支。

关于班主任的"工作保障"问题，教育部更是从六个方面强调要切实为中小学班主任工作提供保障。第一，制定和完善促进班主任工作的政策措施，为加强班主任工作提供基本保障。各地教育行政部门和中小学校要从基础教育全面贯彻落实树立科学发展观的战略高度，从全面推进素质教育的全局高度。落实"学校教育，育人为本；德智体美，德育为先"的要求，关心班主任教师的学习、工作和生活，促进他们的成长发展，充分发挥他们的作用。第二，要提高中小学班主任的地位和待遇。班主任工作是中小学教育中特殊重要的岗位，中小学校要在教师中营造以从事班主任工作为荣的氛围；要将班主任工作记入工作量，并提高班主任工作量的权重；各地要根据实际，努力改善班主任的待遇，完善津贴发放办法；要适当安排班主任的教学任务，使他们既能上好课又能做好班主任工作。第三，要完善班主任的奖励制度。各地教育行政部门和中小学校要将优秀班主任的表彰奖励纳入教师、教育工作者的表彰奖励体系之中，定期表彰优秀班主任；要树立一批班主任先进典型，宣传他们的先进事迹，充分肯定他们在学校教育中的贡献；中小学校应积极推荐优秀班主任加入党组织，优秀班主任应列入学校党政后备干部培养范围；在努力完善班主任奖励制度的同时，要加强对重视班主任工作学校的典型经验宣传，通过宣传和奖励，鼓励广大中小学校普遍重视加强班主任队伍建设，充分发挥班主任在学校教育工作中的重要作用，使班主任工作成为广大学校教师踊跃担当的光荣而重要的岗位。第四，要加强班主任队伍的管理。学校领导要经常研究班主任工作，了解班主任的工作表现，规范班主任的行为；学校应建立班主任工作档案，定期考核班主任工作，考核结果作为班主任和教师聘任、奖励、职务晋升的重要依据；对不能履行班主任职责的，应调离班主任岗位。第五，要为班主任开展工作创造必要的条件。各地教育行政部门和中小学校应当为班主任开展工作提供支持，制定相关政策和制度，切实维护班主任教师的合法权益，减轻他们过重的精神压力和工作压力，保障他们的身心健康；要及时了解他们在工作和生活中遇到的困难和问题，为他们排忧解难。第六，高等院校应该在思想政治教育专业中招收有班主任工作经验的老师，开设专门课程，为学生毕业以后从事班主任工作提供必要的理论和技能的训练；各级各类教育科研机构应该加强班主任工作的理论研究，列入重点科研课题，组织专家、提供经费、保障条件，积极探索班主任工作的规律，不断丰富新时期班主任工作的理念和思路。

第三章

班主任德育建设的方法

　　德育方法是为了达成德育目标、完成德育任务，师生双方共同的活动方式（程序、策略等）的总和，包括教师影响学生、促进其品德形成的方法和学生在教师指导下自我教育的方法。

　　德育方法是德育过程的中介因素之一，是完成德育任务的重要条件。在我国，对于何谓德育方法的认识有一个变化过程。20世纪50年代，教育界受苏联影响，认为德育方法即完成德育任务而采取的一切措施，也就是德育手段。随着理论界认识的不断深入，有关德育方法的认识也不断深化。到了20世纪80年代，我国对德育方法的理解已基本趋于一致，认为它是德育过程中为了完成德育任务，师生双方共同的活动方式、方法。德育过程的复杂性，必然带来德育方法的多样性。就传统德育而言，其方法多以灌输、强制为特征，即把来自成人社会的价值、准则、规范看作是固定不变的，并以强制性的方式传递给儿童，目的在于规范和约束儿童的思想和行为。与此不同，现代德育在强调价值、准则、规范重要性的同时，更主张从儿童的身心发展特点和个性特征出发，通过启发儿童的道德思维，训练儿童的道德敏感性，发展儿童的道德能力，促进他们在社会生活中感悟、理解、判断、选择诸种价值、准则、规范，并按照自己的选择而行动，从而形成既体现社会要求，又显现个体特色的人格品质，并且这种人格品质处在不断变化、发展之中。

　　由于依据不同，国内不同学者对德育方法的分类也不尽相同。有的以德育方法的概括程度为依据，按层次把德育方法分为三种类型，即：第一层次作为指导思想的方法，第二层次作为德育方式总和的方法，第三层次作为具体工作策略、操作技能的方法，并从德育方法对学习者影响作用的特点和心理机制的角度，把德育方法分为明示法和暗示法。有的从德育方法作用的范围角度按划一教育、类别教育、个别教育和生活指导三个维度来划分德育方法。有的按道德教育和价值教育流派将德育方法归为德育认识发展方法论、社会（或道德）学习方法论、价值澄清论、心理分析或情感方法论、社会（或道德）行为体验方法论等几

45

大类。有的从德育过程作为双向互动活动的角度，把德育方法区分为自我教育的方法和指导教育的方法。有的则把德育方法从方法论意义上分为启发法、塑造法、雕琢法、树人法、系统或综合法，从实践操作层面上分为思维训练法、情感陶冶法、理想激励法、行为训练法、修养指导法等。对于教育者来说，懂得以德育方法的概括程度为依据来区分德育方法，对于理解、把握德育问题具有重要意义。下面将对德育建设具体方法的操作作出介绍。

第一节 "教书"就是为了"育人"

教师的职责就是教书育人，然而很多时候，教师对传授知识、培养能力非常重视，对育人却有所忽视，导致一些学生成绩日益进步，而思想进步缓慢，甚至倒退。只会教书，这是远远不够的。作为新时代的教师，不但要教好书，更要做好"育人"工作。

德国教育家夸美纽斯把教师盛赞为"太阳底下最光辉的职业"。的确，教师不仅是文化知识的传递者、学生行为的示范者，而且教师高尚的品德、优良的心理品质对学生的个性发展起着至关重要的影响作用，是学生人生的引导者，正所谓教书育人。

教师培养学生能力，更重要的是通过各种教育教学环节，引导学生树立正确的人生观、世界观、价值观和做人的准则，引导学生如何做人、做事、做学问。教书是教师育人的主要手段，育人是教师教书的根本宗旨。我们不能把教书和育人割裂开来，更不能认为育人只是政治思想工作者的任务。"教书"就是为了"育人"，"教书"的过程就是在"育人"。

那么教师如何在千头万绪的"育人"工作中收到好的效果呢？我们来看看美国优秀小学教师弗洛斯特的成功教育。

难忘的"体罚"

那是一次数学考试。考试前，弗洛斯特女士照例从墙上把那块著名的松木板子取下来，比试着对我们说："我们的教育以诚实为宗旨。我绝不允许任何人在这里自欺欺人，虚度时日。这既浪费你们的时间，也浪费我的时间。我早已年纪不轻了，奉陪不起——好吧，下面就开始考试。"说着，她就在那宽大的橡木办公桌后坐了下来，拿起一本书，径自翻了起来。我勉强做了一半，就被卡住了，任凭绞尽脑汁也无济于事。于是，我顾不得弗洛斯特女士的禁令，暗暗向好友伊丽莎白打了招呼。果然，伊丽莎白传来了一张写满答案的纸条！我赶紧向讲台望了一眼——还好，她正读得入神，对我们的小动作毫无察觉，我赶紧把答案抄上了试卷。

这次作弊的代价首先是一个漫长难熬的周末。晚上，我翻来覆去难以入眠；才迷糊过去，又被噩梦惊醒——连卧室墙上那些歌星舞星们的画像似乎都变成弗洛斯特女士，真让我心惊肉跳！早就听人说过，教室里一只蚂蚁的爬动也逃不过弗洛斯特女士的眼睛，难道说，她现在只是故意装聋作哑罢了。思前想后，我打定主意，和伊丽莎白一起去自首。

周一下午，我们战战兢兢地站到了老师身边："我们知道错了，我们以后永远不做这种事了，就是……"

"姑娘们，你们能主动来认错，我很高兴。这需要勇气，也表明你们的向善之心。作为一名教师，我绝对不允许我的学生用作弊这种手段来欺骗我，来欺骗你们自己和你们的学业。我宁愿我的学生从我的课上只学到诚实，因为做人比知识更重要。不过，大错既然铸成，你们必须承受后果——否则，你们不会真正记住！"说着，弗洛斯特女士拿起我们的试卷，撕了，扔进废纸篓。"考试作零分计，而且——"

看到她拿起松木板子，我们都惊恐得难以自持。

她吩咐我们分别站在大办公桌的两头，我们面面相觑，从对方的脸上看到自己的窘态。"现在你们都伏在自己身边的椅背上——把眼睛闭上，那不是什么好看的戏。"她说。

我哆哆嗦嗦地在椅背上伏下身子。听人说，人越是紧张就越会感受到痛苦，老师会先惩罚谁呢？

"啪"的一声，宣告了惩罚的开始，看来，老师决定先对付伊丽莎白了。我尽管自己没挨揍，眼泪却上来了："伊丽莎白是因为我才受苦的！"接着，传来了伊丽莎白的呜咽。

"啪!"打的又是伊丽莎白,我不敢睁开眼睛,只是加入大声哭的行列。

"啪!"伊丽莎白又挨了一下——她一定受不了啦!我终于鼓起了勇气:"请您别打了,别打伊丽莎白了!您还是来打我吧,是我的错!——伊丽莎白,你怎么了?"

几乎在同时,我们都睁开了眼睛,越过办公桌,可怜兮兮地对望了一下,想不到,伊丽莎白竟红着脸说:"你说什么?是你在挨揍呀!"怎么?疑惑中,我们看到老师正用那木板狠狠地在装了垫子的座椅上抽了一板:"啪!"哦,原来如此!

这便是我们受到的"体罚",并无肌肤之痛,却记忆至深。在弗洛斯特女士任教的几十年中,这样的体罚究竟发生了多少回?我无从得知。因为有幸受过这种板子的学生大约多半会像我们一样:在成为弗洛斯特女士的崇拜者的同时,独享这一份秘密。

在弗洛斯特看来,教书育人就应该以诚实为宗旨,如果学生在考试中弄虚作假,那么,就等于是浪费自己的时间、浪费大家的时间,教育也就失去了应有的意义。因此,从某种角度来讲,适当的惩罚是必要的,但惩罚不应该只是一味地指责,更不应该是一顿拳打脚踢,因为,惩罚的最终目的是为了"育人"。

在人与人平等的基础上,惩罚应该是尊重孩子的自尊心,有效的、成功的、具有激励性质的批评,它甚至可以改变一个人,使她一生受益。相反,一个伤人自尊心的、令人消沉的批评如讥讽、嘲笑,会让一个人精神从此一蹶不振,失去前进和向上的动力,就是我们平常所说的"破罐子破摔"。

近年来,我国教育界普遍倡导激励教育、赏识教育,强调老师、家长都要以平等的心态和孩子对话,尊重孩子,给孩子创造一种宽松自由的氛围。但是激励和赏识是否意味着不能批评?学生犯了很严重的错误,该拿他怎么办?从学生成长的角度来看,学校是社会的缩影,从学校走出来的学生，长大可能成为部长、总理，也有可能沦为罪犯。而在学校阶段，如果学生犯了严重的错误，就该用惩戒手段让他们铭记终生，让他们知道哪些界限是不能逾越的。

说到惩戒，许多人就会联想到体罚，这是完全不同的。惩戒是指施罚使犯过者身心感到痛苦，但不以损害受罚者身心健康为原则的一种方式。它在目的、手段、方式和产生后果上都与体罚有本质区别，其中关键在于，体罚损害了受罚者的身心健康。弗洛斯特女士的松木板子是否触及学生的身体，这就是惩戒和体罚的根本区别。

《难忘的体罚》给了我们许多启示：弗洛斯特老师用一种独特的"惩罚"给学生留下了终身难忘的印象。正如她所说的那样："我宁愿我的学生从我的课上只学到诚实，因为做人比知识更重要。"

爱因斯坦曾说过："学校的目标始终应当是：青年人在离开学校时，是作为一个和谐的人，而不是作为一个专家。"我国著名教育家陶行知也强调："先生不应该专教书，他的责任是教人做人；学生不应该专读书，他的责任是学习人生之道。"

由此可见，作为一名教师，如果只注意传授知识，不注意培养学生如何做人，就没有尽到教师的责任。自古以来，教书育人一直成为衡量和判断教师工作优劣的根本准绳，也自然成为教师一切教育工作的根本保证。

第二节　给学生一个积极的心理暗示

在我们的教学工作中，会经常碰到这种情况：当在课堂上我们向学生提问时，有很多学生开始都表现很紧张，生怕说错了老师会批评，还有的是怕引来别的同学的嘲笑。所以常常是知道也不愿回答，要不就是回答得吞吞吐吐。如果这时候老师能面带微笑，鼓励他说："大胆说出你的想法，错了也不要紧，老师相信你能行！"这样一来，有的学生还真能大胆地说出自己的见解。这说明，积极的心理暗示对学生的影响非常深远。

上课如此，做其他事情亦然。只有一个充满爱心的教师，才会有积极善意的心态，也才会给出积极的暗示，使学生得到战胜困难、不断进取的力量；反之，教师消极恶劣的心态，则会使学生受到消极暗示的影响，变得冷淡、泄气、退缩、萎靡不振等。俗话说"好言一句三冬暖，恶语伤人六月寒"，说的就是这个道理。因此，当我们面对学生说话做事时，就应该时刻注意，尽量使学生接受积极的、适度的暗示，才会让学生的自信心越来越强。

空洞的说教往往显得苍白和无力，而积极的心理暗示有时胜过千言万语！对于培养学生健全的人格和良好的个性心理品质更应如此，营造对学生进行积极心理暗示的环境和氛围，一如在建造学生心灵的防护林，它是学生心理动态平衡的天然屏障，它是熨帖学生心理的港湾。在有效的心理暗示措施下，学生个体可以进行积极的心理自我维护。

因此，作为教育者，我们应该多给学生一些积极的心理暗示，教会学生运用积极的心态去面对生活、面对学习。

我们是弱智

我教书的第一天，各班的课都进行得很顺利，这使我相信当老师并非难事，接着该上当天的最后一节课。

当我走向教室时，听到了桌椅的碰撞声，进去一看，一个男生正把另一个男生狠狠地按在地板上。"听着，你这个弱智！"被压的男生高声嚷道："你妹妹白给我，我也不要！""听着，不许你再碰我妹妹！"按着人的男生威胁道。

这时，我挺直自己矮小的身体叫他们不要打架，14 双眼睛一下子全都转向了我，我知道自己并无多少威严让他们信服。两个男生对视一下又瞧瞧我，慢慢地回到了自己的座位上，过道对面教室的老师把头伸进了我们教室，他喝斥那两个学生坐下，叫他们闭嘴，听我的话。

我试着按教案讲课，但是却发现眼前是一张张戒备的脸。下课时，我叫住挑起斗殴的男生："迈克！……""女士，别浪费你的时间了，"他对我说，"我们是弱智。"说完就走出了教室。

我被噎在那儿，重重地跌在了椅子上。我开始怀疑自己该不该当老师，而逃避是不是唯一的解决办法呢？我告诉自己必须得受一年的罪，明年夏天结婚后重找一份更有价值的工作。

先前教我们班的那位同事对我说："他们都住在野外窝棚里，他们的父母都是流动的劳工，他们想来就来，想走就走。他们中的大多数人无论如何也毕不了业，别再在他们身上浪费时间了。"

我收拾东西回家时，怎么也忘不了迈克说"我们是弱智"时脸上的表情。"弱智"这个词一直在我耳边响，我想我得找个行之有效的办法。

第二天下午上课时，我用眼睛和他们打了个招呼，接着在黑板上写 JANICE，有几个学生脱口念了出来，还开心地看了我一眼。我说："这是我的名字。过去我学习不行，别人说我是榆木疙瘩，我刚上学时，连自己的名字都不会写，单词也不会拼，数字在脑海里像盆糨糊。人家说我是'弱智'，也对，我是'弱智'嘛！至今这可怕的声音仍不时在我的耳边回响，使我难堪。"

"那你怎么成了老师呢？"有人问道。

"我恨这个叫法。其实我并不愚蠢，也爱学习。我们这个班也应该这样，如果你们当中有谁喜欢被叫做弱智，请别在这个班里呆，到别的班去。我们教室里没有弱智。"

"我不会对你们放松要求，"我接着说，"你们要努力再努力，直到你们迎头赶上。你们都会毕业的，我相信你们当中一定会有一些人能进大学深造，这不是笑话——而是承诺。在这个教室里我不想听见'弱智'，你们懂吗？"

他们看上去似乎坐得直了一些。

时光飞逝，几个月过后，他们的进步真令人吃惊。6 月就要到了，我觉得很遗憾，他们那么想学习，可所有的学生都知道我要结婚了，要搬到别的州去了。

在我上课的最后一天，一踏进教学楼，校长就招呼我："请跟我来一下好吗？"他挺严肃地说："你的教室里出问题了。"他领着我沿过道走过时，目不斜视。"出了什么事呢？"我感到纳闷。

在我的教室外面，上第七节课那班的学生都笑眯眯地站在那里。"安德森小姐，"迈克得意地说，"二班送您玫瑰花，三班送您胸花，我们想让您知道我们更爱您。"他示意我走到教室门口，我朝里望去，太令人惊喜了！四个角落里鲜花怒放，课桌上和卷宗柜上也是一束束鲜花，在我讲桌上则是大捧的花束铺成的花毯。"他们怎么能搞到这么多花呢？"我心中不解，他们多数家境贫寒，以至于要靠学校的助学金才能吃饱穿暖。这时，我激动得流出了热泪，他们也都一起哭了。

后来，我才知道他们是如何得到这些花的。迈克每逢周末都在当地一家花铺打工，看到了我授课的其他几个班的订花单，他便告诉了班里的同学。自尊的他再也不愿戴上诸如"贫穷"之类的帽子了，就向店主要来了店里"过时"的鲜花。然而，这远远不是他们对我的报答。

两年后，14 个学生全都毕了业，并且有 6 名获得了大学奖学金。

28 年后，我在一所学习气氛很浓的学校执教，该校离我青年时步入教书生涯的地方不远。我得知迈克早已和他大学时的恋人结了婚，现在是个有成就的生意人，而且凑巧的是，三年前，迈克的儿子曾是我教的英语荣誉班的二年级学生。

有时候，我回忆起第一天当老师以及对迈克他们上最后一节课的情形，谁能想到，我曾考虑过放弃这个职业去做更有价值的事呢？

案例中的老师是美国的一位名叫安德森的老师，她的行为是可敬可佩的，她想方设法把学生不良的心态从他们心中"剔除"，并给学生一个积极的心理暗示："你们要努力再努力，直到你们迎头赶上。你们都会毕业的，我相信你们当中一定会有一些人能进大学深造，这不是笑话——而是承诺。"可见，教师恰当运用积极的暗示，努力开拓学生的潜能，不但可以转变学生的想法，甚至可以改变学生的命运。暗示的特点是语言的含蓄性、行动的示意性。这些特点的奇妙之处就在于通过不显山、不露水的方式，达到师生的心理相融，取得良好的教育效果，也就是我们平时所说的"桃李不言，下自成蹊"。

在日常教学中，教师利用不同的渠道和载体对学生进行积极的心理暗示，有利于学生个体心理问题的发泄、梳理和平衡。学生在学习的点滴中达到了心理的动态平衡，进而进行积极的心理自我维护，在学生的心理自我维护中，能树立学生积极的自我观念，进而认识自己、接纳自己，最大限度地开发自己的潜能，培养健全的心理素质和创造精神。同时健全而轻松的心理更有利于学习效率的提高，也便于更好地对学生进行素质教育，使其全面发展。

在中小学，许多成绩差的学生往往自暴自弃，厌学弃学甚至"破罐子破摔"。在教学中，如果教师能用积极的心理暗示，首先从维护学生的自尊心出发，对他们倾注爱心，尊重他们的人格，用民主、平等的方式对待他们，就能够防止后进生产生这种不良的心理。而教师恰到好处地运用暗示方法，往往会收到意想不到的教育效果。教师积极的暗示，会通过言行、表情传达给学生，学生因此会受到鼓舞，并朝着老师期待的方向发展。

老师平时要时刻注意自己的言行，对学生要多一些表扬鼓励，少指责埋怨。上课时，学生回答问题声音很轻，也许他怕错，这时，作为老师就应该积极鼓励他："你回答得真棒，如果声音大一些就更好了。"学生答错了，你说："你能积极动脑，举手回答问题真勇敢，答错了没关系，因为只有这样，你才会知道错在哪"，"你再想想，离正确答案不远了……"学生在你的鼓励之下，胆子会越来越大，也就不会再害怕发言了。受到你积极的暗示，其他同学也会踊跃发言，课堂气氛肯定会越来越热烈。

在课堂教学过程中，学生难免出现小声说话、思想出岔、东张西望、玩小东西、偷看课外书甚至互相抓打等不良现象。对这些现象，授课教师如果停了课来横加抨击，大发雷霆，这不但占据了课堂时间，而且师生产生对立情绪，也达不到教育的目的；反过来如果不闻不问、熟视无睹，那也将影响整个课堂秩序，影响教学效果。二者均不可取，那怎么办呢？采用以下几种暗示方法可收到良好的效果。

一、用语言暗示

用语言作为暗示手段，可以理解为平时所说的"言下之意""弦外之音"等意思。即暗示者虽然没有清楚地说明，但他的意思已经含蓄地有所表示。在教学过程中，如发现学生有不专心听讲、违反课堂纪律的现象，教师可委婉地说："老师最喜欢专心听讲的学生"，"认真听课才能完成老师布置的作业"，"老师很想听听你的意见"，"小脑壳应该积极转动才会更加聪明"等积极的暗示语言，这样那些不认真听课的学生就会受到启发，立即意识到自己心理与行为的错误性，并积极地加以克服。

二、用表情暗示

这是指通过面部、身段或目光表情给人以暗示的方法。讲课中，对那些心理与行为异常的学生，教师要经常给他们以表情暗示，比如运用镇定自若或者庄重严肃的面部表情，会常使行为异常的学生停止不良的课堂行为，进而认真听课；微微一笑可使不守纪律的学生受到启发；用严肃的目光短暂注视某个行为异常的学生，也常使他在别人不察觉的情况下克服不良心理。

三、用情境暗示

这是通过人为地设计某种情境以求取得暗示的作用与效果的方法。课堂中，如发现学生有不良的心理与行为，教师可以这样设置情境进行暗示：或者停止讲解，提出某个与授课内容有关的有趣问题，让学生积极思考，以形成积极动脑的情境；或者交换教学内容，讲一两个简短的关于学习的故事，让学生进入情境；或者让学生写写、画画、读读、背背等。这样通过情境的设置和转换，不守纪律的学生常常能在自然状态中改变自己的不良心理与行为。

四、用节奏暗示

这里主要是讲用变换教学语言的节奏方式加以暗示的手段。

在讲课时，如发现学生思想出岔或不守纪律，教师可针对情况有意识地将教学语言的节奏说得快一些、强一些，或者说得慢一些、重一些，并辅之以表情眼神，这样那些不守纪律的学生也常受到启发。

五、用停顿暗示

在讲课中，如发现学生有异常心理和不良行为，教师也可以忽然终止讲课几秒钟，但一般不超过十秒，这样不守纪律的学生就会被这突然的停顿所震动，并立即意识到自己的心理与行为的错误性。

采用这种"暗示法"来矫正学生在课堂中不良的心理与行为，好处确实甚大：一是教师只需花费最小的代价和精力却能收到很好的教育效果；二是不用强制手段，就可使受暗示的学生自觉自愿地接受影响。

此外，教育者更应该通过自己的言传身教给予学生积极的心理暗示，榜样的力量是无穷的，在你高尚师德的潜移默化的影响下，学生一定会努力改掉自身的不足，朝着好的方向发展。

第三节　没有教不好的学生

近些年来，人们对优秀教师的个性化的教育哲学越来越关注和重视。所谓个性化的教育哲学，是指把个人的体验、感悟、价值观融于一定的思想观念之中，并内化为个人主观世界的不可分割的有机部分。

教育个性化是社会现代化发展的客观要求。为了适应社会科学发展的整体化趋势，现代化社会越来越需要具有多种科学知识，能够进行综合研究和运用，具有创造性能力的人才，这就需要中小学教育在加强学生全面教育的同时，注重学生个性化的培养。因此，日本把个性化教育作为面向 21 世纪的教育。

日本这个人口只有中国的十分之一，土地只有中国的二十六分之一的岛上"小国"，却成为了世界经济强国。日本用不到 50 年的时间，走完了欧美发达国家 200 年才走完的路，其根本原因是他们坚持了教育与经济同步发展，以教育推动经济发展的道路。

日本人虽然依靠教育取得了如此大的成绩，但又能根据社会现代化发展的要求，不断对现行教育进行变革和调节，提出个性化教育，这点是值得我们借鉴的，尤其是日本教育关注学生未来的发展，这一点更让我们感触颇深。

特色教育中的奇迹

日本东京都葛饰区驯骑小马学校开设于 1980 年 8 月，学校对 15 岁以下，特别是身体、心理不健全的学生进行特殊的教育。教师们通过让学生驯养小马，练习骑马，增强基础体力，培养他们善良的品行和同情心，真正促进每一位学生的身心健康发展。该校在教育教学活动中，均以小马为媒体，让学生（特别是身体、心理不健全的儿童）接触小马，给马喂食、用刷子给马刷背、打扫马厩，并逐步开始练习骑马，提高他们的运动机能，培养情操。

1993年6月，教师们在校长大野幸男的带领下，开设了面向残疾学生的伙伴动物教室，大大促进了残疾学生的身心健康发展。大野幸男在汇报会上给大家讲了这样一个他亲身经历的故事：一位名叫山原惠子的小姑娘，自小性情孤僻，眼神呆滞，没有表情，与父母兄妹之间毫无感情，属典型的心理残疾者。父母把她送到了驯骑小马学校，为此，大野幸男给予了她极大的鼓励与帮助。不断地引导与要求她天天与同伴一道打扫马厩，给马喂食，并开始练习骑马。慢慢地，她喜欢上了其中的一匹马，脸上也开始有了表情。有一天晚上，她还主动地为母亲搓洗脊背，她母亲非常感动，第二天打电话给大野幸男表示感谢，并讲述了女儿的巨大变化。从此以后，这位小姑娘变成了一个非常爱讲话、性格开朗、喜欢交朋友的人。

后来，大野幸男还和教师们一道面向残疾学生开设了伙伴教室活动，对这些学生的身心健康发展起到了促进作用，概括起来大致有这样几点：通过护养马、驯马、骑马，产生快乐的心情，原来无表情的学生，脸上开始露出了笑容；对于身体残疾的学生来说，在马背上靠臀部受力，可进行前后、左右、上下运动，能促使残疾学生与动物对话交流，萌发爱护生物之心，逐渐置身于普通社会，与普通人交流对话；对于身体残疾的学生来说，骑马运动对发挥他们的冒险精神、培养注意力、增强自尊心和自信心都有极大的帮助。

此外，由于骑在马上，视野更宽广，进一步学习了认识视觉空间，学习了认识身体的平衡和平衡的感觉，通过神经和筋骨的平衡与控制，提高了身体的协调性。

案例中大野幸男校长的做法很值得我们思考，正所谓"没有教不好的学生"，关键是如何因人施教、因材施教。我国古代教育家孔子在两千多年前就提出了要"因材施教",全国首批特级教师霍懋征有一句至理名言:"没有教育不好的孩子。"在霍懋征看来,每个学生都有上进心,都愿意学好,关键在老师如何引导。

是的,学生就像那稚嫩的幼苗,需要父母和老师的精心栽培。每个学生因为成长环境以及自身的原因,有着不同的学习风格,水平也参差不齐。那么,因材施教,进行个性化教育就成为必要。教师们应根据学生的个性特点,发挥他们的个性优势,寻找他们身上的闪光点,激发学习兴趣,使其产生前进的动力,让每个学生都能成才。

在知识、技能、情感、态度、价值观等方面,把学生培养成为至少是合格的人才,是国家和社会的需要。国家和社会的需要是通过教师来实现的。如果教师不能实现国家和社会的这个最低要求,那么就不是称职的教师。要实现国家和社会的这个最低要求,就必须做到不放弃每一个学生。要做到不放弃每一个学生,就要在心中树立"没有教不好的学生"这个观念。我们知道,有什么样的观念才有什么样的行动。如果一个教师心中没有这个信念,自然他的行动就是放弃了本来可以进步的学生。

其实,每个学生都有自身的发展潜能,都有适合自己的发展方向。所谓后进生,是因为我们没有正确地认识学生的个性特长,按照片面的"质量"要求造成的错误判断。实际上是我们错了。那种看上去不求进步的学生,实际上仍然有自己的理想和追求,只要教师为他们提供真正的帮助,为他们营造良好的发展环境,实现"平等尊重、自主和谐"的教育理念,树立正确的质量观,引导学生正确地进行自我定位和自我评价,并根据自己的特长和发展优势,不断地修正自己的言行,充实自己的内涵,完善自己的人格,就一定能够实现自己的人生目标。

在教育实践中,只要我们教师能够正确充分地认识学生,转变对待学生错误的观念,不把学生当成自己成名成家的工具,而把学生视为和我们自身一样需要尊重的"人",那么就"没有教育不好的学生"。

"没有教不好的学生"应是从全方位,多角度的评价与认可,"好"

的标准不再是传统教育模式下的高分数、老实、听话等，而是多角度地去发现、去培养。即使是换一个角度来看，比如：以身体素质、思维方式、操作能力、语言表达能力或动手能力、人际关系、面对挫折的心理素质、审美情趣、价值取向、学生的个人潜质、素养来划分评价学生，应该说每一个学生都可以称为"好"学生，每个学生都会成为"好"学生。

第四节　信任可以培养学生的诚信

如果春天没有七彩的阳光，就不会有蝶儿的满山翻飞；如果人间没有诚信，那就是一个苍凉而荒芜的世界。

人无诚信不立，业无诚信不兴，国无诚信不强，社会无诚信不稳。这一点，越来越成为人们的共识。但是诚实守信的理念，绝非一朝一夕形成，它是一个人长期生活实践的积淀，也是人生观、道德观的集中体现。因此诚信教育对每一个人来说，都十分必要，并且必须从学生抓起。

学校是育人的场所，诚信的校风、师风、学风对培养诚信之人至关重要，尤其是教师在学生诚信品质的养成中起着重要作用。学校诚信教育在社会公民道德建设中具有窗口作用。在现实社会中，不守信用，坑蒙拐骗的事时有耳闻，一部分人的诚信意识并没有因为物质条件的改善而得到提高，诚实守信仍然是一个值得关注的社会问题。因此，"诚信教育"的作用并不仅仅在于有利于建立学生之间相互信任的良好关系，而且它也是净化社会的道德氛围、促进学生成功的重要条件和保证。

培养和拥有诚实守信的道德品质，对人对己都是大有裨益的，是一个人一生中取之不尽的宝贵财富。拥有了诚实守信的道德品质，学生就能襟怀坦荡，不必为一些小事而去尔虞我诈、劳心费神，对同学都能以诚相待。当学生具备诚信的品质后，就会凡是自己承诺的事情，就一定使其实现。

由此可见，诚信教育，我们教师要引起高度的重视，从小加以培养，才能培养出言行一致、勇于承担责任的、有负责精神的未来人才，我们的国家才有希望，民族才能振兴。面对新世纪、面对新的挑战，广大教师要肩负起重担，为培养诚实守信的现代文明人而努力。

天才的教师

马卡连柯非常注意对孩子的信任，他认为，信任可以培养孩子的诚信。

有一次，马卡连柯派一个曾经是小偷的学生去几十里外取一笔数额不小的钱。这位学生由于做过小偷，在同学的眼中被视为另类，几乎没人与他来往，他非常渴望得到信任。

一天，马卡连柯把这个劣迹斑斑又不服管教的学生叫到办公室，对他说："学校急需一笔钱，要到数十里外的银行去取，派不出别的人，你去。"接到马卡连柯的任务后，这位学生简直不敢相信这是真的，他瞪大了眼睛，问："我去？"然后又挑战似的说："校长，我可是当过小偷的。如果我取了钱不回来了，你会怎么办呀？"马卡连柯听后平静地回答："这怎么可能？我相信你是一个诚实的孩子。快去吧！"然后就埋头办公了。那个学生迟疑地站了一会儿，看马卡连柯不再搭理他，便一跺脚冲出门去。

当这位学生把钱交给马卡连柯的时候，他要求马卡连柯再数一遍。谁知，马卡连柯接过钱袋随手扔进保险柜，又埋头办公了。那喘息未定的学生脸憋得通红，向马卡连柯吼道："你为什么不数数那钱！"马卡连柯平静地说："你在银行一定数过了，我没有必要再数，你已经完成了任务，回去休息吧！"

事后，这位学生是这样描述自己的心情的："当我带着钱在路上时，一路上我在想，要是有人来袭击我，哪怕有十个人，或者更多，我都会像狗一样扑上去，用牙咬他们，撕他们，除非他们把我杀死！"

后来，当高尔基来学校参观时，马卡连柯身边就站着这个当年在暴风雪中去取钱的学生，他已经成为马卡连柯的得力助手了。

马卡连柯不愧是一位伟大的教育家。记得他曾经说过这样一句话：

"我的基本原则是尽可能多地要求一个人，就要尽可能多地尊重一个人。"是的，尊重人格就要提倡民主、平等，就要做到明礼诚信。而案例中的马卡连柯就是很好地运用了信任的方法，唤醒那位"问题学生"的自尊，培养了他诚信的品质。因为，马卡连柯始终相信每一个学生都有巨大的潜能，相信每一个学生都一定能学好，而只有信任才能换来他们的诚信。可见，培养学生诚信的品格对教师来说是多么意义重大。

俗话说：教育无小事，从细微处见风格，从小事中显精神。古人云："勿以善小而不为，勿以恶小而为之。"记得美国著名科学家富兰克林说过："诚实和勤勉，应该成为你永久的伴侣。"因此，教育学生，哪怕是借用别人一块橡皮、一支铅笔，都要及时归还；答应别人的事，必须尽力做到；有特殊情况没有做到，应向对方说明道歉。教师应从小事中培养学生的诚信品质。

在日常教学中，班主任应着重从以下几个方面去培养学生的诚信品质：

一、借助优秀的作品，熏陶学生的品质

听故事、看电视剧、阅读大量的优秀作品，不仅可以拓宽学生的知识面，还可以培养学生的鉴赏能力，提高审美情趣。在听、看、读中感受到作品中主人公精神的召唤，从中汲取力量，磨砺自己顽强的毅力、坚韧的意志、不屈的品质，勇敢地面对困难和挫折，使学生的心灵受到震撼，精神受到洗礼。

例如《手捧空花盆的孩子》的故事，讲述的是一位英明的君主，他为了挑选未来的国王，把花籽分发给参选的孩子，让他们带回去种在花盆里；三个月后，许多孩子都捧来美丽的鲜花，国王最后选中的却是一个手捧空花盆的孩子。因为国王分发的花籽是煮过的，他看中的是接班人的诚实品质。故事情节吸引人，有极强的启发教育意义。在现实复杂的生活中，诚实的品质总是要经受各种严峻的考验，尤其是在巨大利益的诱惑下，一个人要恪守诚实的品格，是件很不容易的事。故事中手捧空花盆的孩子，宁可失去"当未来的国王"的机会，也不带着假成

绩去欺骗国王，这种诚实的品质是难能可贵的。因此，我们必须充分地
运用这些优秀的文化遗产，让学生遨游其中接受熏陶，在学生内心深处
播下诚信的种子。

二、注重教师的言行，感染学生的品质

教育学生要讲诚信，教师自身就应具备诚信的品质。教师是学生的
一面镜子，学生无时无刻不在对照着教师的一言一行。正如著名教育家
陶行知先生所说："千教万教教人求真，千学万学学做真人。"一名合
格的教师必须首先从思想上认清自身肩负的责任，必须看到小事中寓含
着更大的道理。要知道，教育无小事，教师"小节"不小。德国教育
家第斯多惠曾说："教师是学校里最重要的师表，是直观的最权威的模
范，是学生的最活生生的榜样。"所以，"欲使人昭昭，必先己昭昭"，
欲使学生诚信，自己先诚信。教师要言行一致、表里如一，用自己高尚
的人格去影响学生。学生就会像花草树木之趋向阳光一样，趋向教师。

如果说把孩子培养成为一个诚实、守信、健康的社会人，是每一位
父母的心愿，那么这也是我们为人师者的责任，在培养学生的诚实守信
上，南通的一位老师是这样做的：一位语文老师因为讲着一口令人羡慕
的普通话而颇受学生的尊重。而年迈的数学老师发音不标准，课堂上也
经常是笑话连篇，可这位老师却笑着对学生保证，一定努力改正，争取
下次说得更好！说改就改，最终这位老师的课堂上出现的不再是笑声，
而是不断的掌声。他用自己的行动证实了自己是个守信之人，老师的诚
实，赢得了学生的掌声，更博得了学生的信任。

三、关注学生的小事，加固学生的品质

每个学生都是班级的成员，是整体的一部分，同学之间要相处得
好，最重要的就是相互做到诚信，所以教师要及时捕捉学生间的小事，
重视学生间的诚信品质培养。下面是一位班主任的教学反思：

开学初，我班学生中发生了这么一件事：一天，学生甲哭着对我
说："老师，乙同学打我。"我说："他为什么打你？"学生甲告诉我说：
"前天，我们商定好互换邮票，我把我的'小猫'邮票换他的'黑蝴

蝶'邮票,我先把他的'黑蝴蝶'拿回家,可我又舍不得我的'小猫'邮票,于是对他说'小猫'弄丢了,用了一张其他邮票换给他,可不知怎么这事被他知道了,所以打他,并说我是'小骗子'。"

虽说这是件小事,但我还是抓住时机,对学生甲说:"你认为自己这样做是正确的话,那你就把'小猫'留下来吧!但你在同学眼里就会变成一个言行不一、口是心非的人,今后,你还会得到大家的信任和帮助吗?做人要先学会诚信。"同时又对学生乙说:"为了一张邮票就打人,把友谊抛去,值得吗?你知道你的行为让同学们嘲笑吗?"他们听了我的话,都羞愧地低下头,觉得都错了,互相道歉,又握手言好。看到这情景,我想:只要我们关爱学生、信任学生,我相信,诚信的幼芽定将在学生心田里一天天长高,苗壮成长。

四、开展有益的活动,提升孩子的品质

"寓教于乐"的活动,是学生最愿参与的活动。班主任若能经常利用课余时间,开展形式多样、内容丰富的班集体或团队活动,既活跃了校园文化,又开阔了学生的视野,更能陶冶学生的情操,从而有效地提升学生的品质。比如下面两个小例子:

1. 编排表演节目。在学校里,每月可举办些讲故事、唱歌曲、演小品等形式多样的活动,让学生们在生动、幽默、有趣的活动中,不断地汲取"诚信"的养分。

2. 走访诚信商店。当今社会,在市场经济条件下的一些领域道德失范、诚信缺失、假冒伪劣、欺骗欺诈现象严重,教师可要求学生利用空余时间,进行社会实践活动,向有经验的商店老板询问经商之道,他们大都会说:要想生意好,首先应讲诚信,要拒绝假货入店,不欺老叟童幼,不短斤缺两,公平交易,信誉第一,这样才能"门庭若市",生意才能通四海。学生通过走访,更加深了对"诚信是金"的理解。

第五节　社会教育：唤醒学生的孝心

知恩感恩是中华民族的传统美德之一。古语云："滴水之恩，当以涌泉相报"，"投之以桃，报之以李"，"谁言寸草心，报得三春晖"。

"感恩教育"进入课堂正是传承了中华民族"知恩图报"的传统美德，让学生从小就学会如何用感恩的心去看待他人、社会和自然。当然仅仅靠学校的努力还不够，我们全社会都应该重视"感恩教育"，让社会上每一个人都怀有一颗感恩的心，这不仅可以化解许多不必要的矛盾，更能促进人与人之间的亲情和友情，这个世界才会变得更加美好。

让学生学会感恩，就是要让学生经常站在别人的角度，设身处地去想别人之所想、哀别人之所哀、急他人之所急、乐他人之所乐，积极学会体验他人的内心世界和内心的情感，只有这样才能使我们的学生，能感人所感，知他人之情，能体谅他人、原谅他人、同情他人、帮助他人、爱护他人，从而形成学生的道德感。这样，教育就不会停留在靠纪律制度来强迫维持，而是从学生的心里流淌出，使学生的行为规范上升到心灵的自觉要求和对生活的热爱。

让学生学会感恩，就是让他们学会懂得尊重他人。对他人的帮助时时怀有感激之心，感恩教育就是让学生知道每个人都在享受着别人通过付出给自己带来的快乐生活。当学生们感谢他人的善行时，第一反应是自己也应该这样做，这就给学生一种行为上的暗示，让他们从小知道爱别人、帮助别人。学生学会感恩，就是要让学生知道：父母养育了我们，我们应该感要父母；老师给了我们知识，提高了我们的能力，我们应该感谢老师；他人关心了我们，我们应该感谢他人；社会给我们以关爱，我们应该感谢社会。从而让他们树立起责任意识，以积极的心态完成学习任务。

知恩必图报，图报必图强，图强必有为！因此，"感恩教育"不仅是道德教育，也是人生观、世界观的教育，也是理想教育。

拥有一颗感恩的心

韩国著名教育家申相星教授一直从事中小学教育方面的工作，他在中国任教期间，将对韩国学生的感恩教育带到了中国，并巧妙地运用到他的教育教学中，对学生起到潜移默化的教育作用。

申相星常绘声绘色地将韩国学生的感恩教育内容告诉中国的学生。比如：韩国人从小就对孩子进行感恩的教育。孩子们从小就不断地被告诫：父亲是家中责任和压力最大的人。他在外面奔波赚钱养家糊口。母亲是家中最辛苦的人。她每天辛苦操劳照顾全家。孩子从小就对家人形成感恩之情。而且"孝"既是家庭中调整家庭关系的标准，也是全社会衡量人品的标准。在韩国的小学里，每个学生胸前都挂着"孝行牌"，牌的正面有父母像，背面有孝敬父母的种种格言与规定。学校要求他们每天对照"孝行牌"默想自己做得怎么样，以此来强化孩子的感恩意识。

另外在每年5月8号韩国的"父母节"这一天，所有的中小学教师会在上课之前把学生全部集中到操场上，由校长讲话，对他们进行感恩教育。在操场上大家还会齐声歌唱父母节的歌曲。回到教室之内，老师还会让学生们以感恩为主题给父母写信，表达对父母感恩之情。学生们写完信以后要把信带回家交给自己的父母看。

于是，申相星教授将这一传统的感恩文化巧妙地运用到中国孩子的感恩教育中。在日常教学中，申教授也不断地教育和强化学生去感恩身边的人、身边的事。每逢感恩节这一天，他都会在中国学生中做一个关于感恩的讲座，并在这一天带来一些赞美父母的文章和歌曲在学生中传阅和播放。同时他还教育启发学生该用怎样的方式来表达对父母的爱与感恩之情，比如，一封饱含感激之情的信或是一份自己制作的小礼物，哪怕是帮辛劳的父母洗一次脚或捶一捶背都足以让他们感动和欣慰。

讲座后，申相星教授还会让学生们以父亲和母亲为主题写一篇作文，他要求学生们写完作文以后要把它带回家交给自己的父母看。通过这种方式，申教授发现了很多很感人的故事，于是他就把这些故事都记了下来并编辑成一本书，以此教育和感化更多的学生。

感恩是一种文明，是一种品德，有了感恩的心，人与人、人与社会、人与自然才会变得亲近、和谐，生命也将得到滋润。案例中申教授一番关于感恩教育的讲述与做法，相信一定会给我们带来不小的收获与启迪。

有这样一个真实故事：一位大学生需要钱，于是给父亲发了一个短信"爸，钱、儿"，父亲看了心里像打翻了的五味瓶，儿子能考上大学，难道连一句向父亲问好的话都没有？这则短信明显地突出了钱的重要超过了父子之间的感情。要不是为了要钱，恐怕"爸"字都是多余的。

在物质条件日渐优越的今天，父母对孩子的过分娇惯溺爱，养成了他们以自我为中心的品性；太过张扬个性的教育，不仅没有帮助他们实现自我发展，而变得不懂得体谅人、关爱人，缺乏责任感。我们不需要一代虽有知识但全无情感的学生，感恩的情怀与传统，应该在学生们身上得到更多的体现和发扬光大。

青岛一中学布置了感恩作业，每天要学生完成。"今天有无给别人添麻烦？今天是否有进步表现？今天你最感激谁？"给学生布置感恩作业的目的，就是让学生学会反思，善于发现别人的优点，加强自律，学会对帮助过自己的人心存感激，培育学生的健康心态，进而塑造学生的健全人格。

可见，感恩教育在学校德育教育中的重要性。当然，让学生学会知恩、感恩，就要注意学生的一言一行，一个小举动，像是一个微笑、一件小礼物、一封贺卡等往往都包含着孩子的一颗感恩的心。班主任在平时的教学教育中，要以感恩教育作为德育工作的切入点和重点，引导学生思索爱、寻找爱、回报爱，促进学生的道德发展。

那么怎样才能让学生学会感恩呢？在教学时，我们可以从以下方面来培养学生，让他们怀着感恩的心对待他人，对待生活。

一、明确"感恩"教育的重要性

随着改革开放的不断深入，人民的生活水平好比芝麻开花节节高。然而由于生活水平的提高，平均寿命的延长，老年人日趋倍增。"他们的生活、身体状况如何呢？"班主任可请班中的学生担任小记者，对自己的爷爷、奶奶或外公、外婆，或者邻居老公公、老婆婆等进行采访，特别要询问老年人是否有受到冷落、虐待、遗弃等不孝的情况。让学生自由选择对象，自主发问，真实记录情况。当然也可以在老师的提示下去了解以下这些情况：

1. 你家的老人（爷爷奶奶或外公外婆）和你们住在一起吗？若不是，他们住在哪里？

2. 年老体弱，有的已失去劳动力，由于历史的原因，他们本身无养老保险费，晚辈给他们赡养费、医疗费吗？

3. 当老人生病卧床不起时，晚辈会带他们去医治吗？会有人去护理吗？

4. 老人在家里经常有不开心的事情吗？这是为什么呢？

5. 你是怎样对待爸爸、妈妈或爷爷、奶奶等长辈的，有什么不孝之言行吗？

6. 假如你老了，处于一种被冷落、遗弃的处境，你的感受将会是怎样的呢？

让学生带着问题走进生活，走向社会，身临其境，去探索问题的奥秘，去探求问题的核心与主题，去亲身感受那些不幸的老年人的滋味。经学生的采访调查，晚辈对老人的一些"不孝之举"会令其深思、催其警醒，使学生的心灵受到一次次震撼。

二、领略"感恩"教育的时代内涵

中小学生年龄小，对道德的认识、理解，光凭课堂上单纯、抽象的说教是达不到效果的。为此，我们要根据学生的生活实际、兴趣爱好和个性特征，在上好"感恩"教育课、开展好"感恩"教育主题班队活动的基础上，让学生走出课堂，走进生活，开展搜寻活动，进行心灵对话，从而去获取"感恩"有关的知识。

1. 与父母对话。学生爱听故事是天性，请父母讲述前辈孝敬的故事，从纯朴的语言中去领略"感恩"的内涵。

2. 与教师对话。明确"感恩"的传统美德与时代特征，知道应该弘扬什么、摒弃什么。

3. 与同伴对话。各自交流生活中是如何孝敬长辈的故事，了解"感恩"在彼此生活中的真实写照。

4. 与书本对话。请学生走进图书馆、阅览室，通过查阅圈画、摘录笔记等形式来知晓前辈"感恩"的动人事迹。

5. 与网络对话。学生对网络爱不释手，可以引领他们进入教育信息网络，搜寻、了解新时代赋予"感恩"的新的涵义。

通过这些活动，让学生从具体的情景中、典型的事例中去感知理解"感恩"的时代内涵，懂得"感恩"的内容与方式，从而使学生真正领悟到"感恩"是中华传统的美德，是当代学生必备的道德素质。

三、通过及时评价强化学生的感恩体验

1. 引导学生在对事件的分析中加深体验

学生每天要与周围的世界进行接触，只有选择贴近学生生活的教育案例才能引起学生的共鸣，才能加深学生的情感体验。在教育过程中，可以让学生就一些感恩教育的典型事例进行分析，也可以选择新闻报道中的事件来组织学生讨论，升华其情感。比如，中央电视台播出了《感动中国》颁奖晚会，其中有孝子田世国捐肾救母的相关报道。一位班主任觉得这个事例能够教育人，于是，就组织学生进行了分析讨论，讨论过后，学生们深刻理解了"谁言寸草心，报得三春晖"这个千年传诵的佳句。

2. 让学生在完成感恩作业的过程中不断体验

学生不仅应该孝敬父母、尊敬师长，而且对于曾经帮助过自己的人，也应发自内心地感激。给学生布置感恩作业的目的，就是让学生学会思考，善于发现别人的优点，学会对帮助过自己的人心存感激，培养学生健康的心态，进而塑造学生的健全人格。对于体会深刻、具有一定共性的作业还应在班内或学校内展出，邀请学生家长评读学生的感恩作业。

3. 让学生在亲情主题教育中深化体验

在学生的学习和生活过程中，常会遇到值得纪念的、有教育意义的节日。仔细分析可以看出，大多数节日都有明确的主题，教育内涵深刻，可作为对学生进行感恩教育的好时机。可以在特定日子，如教师节、重阳节、母亲节、父亲节、中秋节、元旦、春节等节日来临之际，举行大型的感恩活动：教唱感恩歌曲，组织感恩教育主题班会，出感恩教育专题黑板报和墙报，在广播电台和电视台点播感恩主题歌曲等。在母亲节那天，教师还可组织"让我们记住母亲的生日"主题活动，在事先不布置的情况下，"突然袭击"，让全班学生逐一说出母亲的生日。然后，请能记住母亲生日的学生谈对母亲的感情，再请记不住母亲生日的学生谈此时的心情。

四、引导学生在参与过程中实践感恩行为

1. 引导学生从学会说"谢谢"开始

回报不仅仅是物质上的，还包括感情世界里的回报，有时只是一句简单的道谢也能给施恩者带来特别愉快的心情。因此，"知恩图报"可以从语言上的感谢做起。教师可要求学生：接受教师递送的物品、奖状、奖品或得到教师的帮助和教育以及得到同学、朋友的帮助时，要说声"谢谢"；听报告、看演出时，要热情鼓掌致谢；接受父母、兄弟姐妹及其他长辈递送的物品或父母、兄弟姐妹及其他长辈提供了帮助时，要说声"谢谢"；得到朋友和他人的帮助或他人给予方便时，也要真诚道谢等。当学生接受了"道谢也是感恩"这一理念的时候，他们便会做出更多的感恩行为。

2. 教育学生从小事做起

对他人的善举和恩情当以更大的诚意和实际行动给予回报，但并非报大恩大德的"大举动"才叫报恩，一些简单的行为也是对善意的回报。所以班主任可要求学生，要从力所能及的小事做起，如，主动帮助教师擦黑板，对师长有礼貌，尊重教师，关心理解父母，为父母分忧等。事不在多，可以为自己的感恩对象做一件小事，如亲自动手做一些感恩卡片，学唱一些感恩的歌曲，在特定的时间献给特定的人，在特定日子为特定的人做一些令其感动的小事情等。比如有的班主任在召开了亲情主题班会后，还组织了"当家一日"体验活动，从而使学生体验到了父母的辛劳。活动之后，不少学生开始主动帮家长做家务，从情感上理解家长，足以证明这样的活动是有效的。

3. 为学生提供适当的表现机会

心理学家霍曼斯早在1974年就提出人与人之间的交往在本质上是一种社会交换，这种交换同市场上的商品交换遵循相似的原则，即人们都希望在交往中的所得不少于所付出的。但另外一个值得关注的问题是，当所得远远大于所付出的时候，人们也会产生一种不平衡的心理。因此，在教育过程中，班主任要善于为学生提供必要的知恩图报的机会。这样，学生对教师、家长的帮助能够积极地回报，他们的心理就会有一种平衡感，有利于学生自觉、主动地参与感恩实践。在家庭教育中，很多父母怕孩子干家务耽误学习，这样一来，孩子对家长的付出感到冷漠，不知道报恩；另外，一旦学习成绩不理想，学生们就会有强烈的自责心理，从而影响自身的正常发展。对此，班主任可组织"回报父母的爱"教育活动，给学生以感恩回报的机会，通过给父母写信、制作礼物、为父母洗脚等一系列活动，让学生知恩、感恩，回报父母的爱。

4. 强化学生的责任意识和责任行为

在教育过程中，班主任要注意培养学生的责任意识和责任行为，让学生在承担责任的过程中将感悟转化为行动。可以根据学生的实际，指导学生承担一定数量的集体劳动，参加社区服务和社会调查活动等，引导学生以实际行动来报答学校和教师的关怀。比如，主动为学校做好事，爱护学校的公共财物和花草树木，保持校园的环境卫生等，这些既是责任感的反映也是感恩意识的具体体现。

让学生领悟"感恩"就是领悟"只有心怀感恩，才能滋润生命"的人生真谛；让学生学会"感恩"就是知晓"送人玫瑰，手留余香"蕴含的处世哲学；就是让他们体会到只要心中装着爱就会使这个世界充满爱，就是学会施予世界一点恩赐而感受到世界将施予他们更多的恩泽。

第六节 让班会发挥最大的效能

班会是学校德育的有效教育形式，而且能够达到很好的教育实效。苏联著名作家奥斯特洛夫斯基曾告诉人们："要永远觉得祖国的土地是稳固地在你脚下，要与集体一起生活，要记住，是集体教育了你。哪一天你若和集体脱离，那便是末路的开始。"是的，团结就是力量。在教学中，通过班会的开展，能够促进班委与班委、班委与同学、学生与学生、学生与老师之间的情感，使班级每一个成员都更好地认识自己在集体中的重要性。

"将自己变成一滴水，去体会大海的力量"。成功的班会往往能使班级中每一个成员获得更多的自信和心灵的感触，从而真正使自己融入班级，增强班级凝聚力。

如今，创新教育这个概念已被教育界广泛接受，但具体的实践似乎仅限于具体学科课程的创新，而忽视了班会的创新。现在的学生处于信息时代，思想受社会环境和校外文化影响很大，大众传媒技术和计算机网络的发展使他们更多地接触外面的世界，学生的自主意识日益增强，这种新形势就决定了班主任在班会这块传统的德育阵地上必须大胆改革，进行有效的创新，才能跟上时代的步伐，才能使学生乐于参加、易于接受，从而达到最佳的效果。

班会有鲜明的主题和明确的目的，它既是对学生进行教育的活动形式，又是使学生得到锻炼的活动形式，也是班主任实施教育的重要手段。所谓主题班会就是围绕一个中心内容有目的、有组织地进行的班集体成员的自我教育活动。主题班会内容集中，指向明确。主题班会作为德育教育的有效载体和平台，对于统一思想，澄清学生的认识，培养学生良好的道德情操，形成健康向上的舆论导向，奠定学生的世界观、人生观、价值观，发挥着不可或缺的作用。

堂娜是这样组织班会的

堂娜·史泰尔丝是当今加拿大教育界一位颇具影响的教育家。她是一位从幼儿园一直到相当于全国的初中基础教育的专家。在三十多年的教学生涯中，堂娜·史泰尔丝积累了丰富的教育教学经验，设计出一套独特、有效地开展班会的方式。下面让我们来看看这位教育家是如何组织和开展班会的。

首先，班会遵循着一套固定的程序：所有人必须围坐成一个圆圈，并且每个人在圆圈中的位置是固定的，这样可以节省不少的时间。在班会正式开始之前，每个人要安静地找到属于自己的位置坐下来，而班会主持人（除了第一次班会由教师充当主持人之外，以后的班会则由学生们自己当主持人）则要利用这段时间将班会盒中的纸条倒出来逐一阅读上面的内容，然后依据内容将这些纸条分为"问题"和"建议"两类，并按照纸条上注明的时间先后排好顺序。

班会的第二项程序，即"鼓励圈"活动。学生主持人可以要求在座的每个学生对自己说一句表示鼓励的话。主持人可以给大家几分钟的时间考虑用怎样的一句话来表达自己对主持人的鼓励，然后自由选定从圆圈上的某个学生开始，沿着圆圈依次说出这些鼓励的话；没有准备好的学生第一次可以跳过，不发言；但是作为班会秘书的教师要记录下这些学生的名字，以便在转完一圈之后再给他们一次机会，这次他们必须发言，哪怕只是向主持人说一句"谢谢你"。

之后，主持人就可以让秘书（此时班会的秘书通常是教师本人）报告旧事务的进展情况，即上次班会处理的一些由学生投进班会盒里的活动建议和问题。秘书要将上次的问题逐一读出来，每读一个就要询问将该问题放进班会盒的学生，这个问题是否已经得到解决，如果已经解决了，便直接转入下一个问题；如果上周的解决方案没有见效，那么就将这个问题放到桌子上等待重新讨论、重新制定一个行动方案。接着继续读"建议"，如果上周曾经为这些活动建议成立了执行委员会，那么此刻便可以要求他们就此报告一些相关的情况，班上的其他学生可以乘机向委员会成员发问，了解一些相关细节。这是班会中由教师主持的一段讨论，在班会的其他时间里，教师必须像其他学生一样举手发言。但事务处理完后，教师将把班会重新交给学生主持人来主持。班会的这一部分通常要花1~5分钟的时间。

处理新事务才是每次班会的主体部分。主持人分别逐一处理每个问题和建议。首先读出问题，询问提出该问题的学生这个问题是否还存在，如果该问题已经不存在了，就要问该名学生是怎样解决这个问题的；如果问题依然存在，就要用以下步骤找出一个解决问题的方案：第一步是收集信息澄清问题；问题确认后，可以询问提出该问题的学生自己认为怎样才可能解决这个问题，并就他提出的方案进行讨论。如果方案可行，问题就算解决了，否则，就进入第二个步骤——运用"头脑风暴法"产生各种可能的解决方案。接着第三步，讨论、分析各个方案的利弊以及原因；第四步，在分析的基础上，让学生投票选择一个他们认为最佳的解决方案。在这个过程中，要让学生明白班会中的裁决结果本身并非惩罚性的，而是为了帮助大家懂得什么样的行为是社会认可的，这一点很重要。

各个活动建议，同样要按照时间的先后逐一读出来，由学生们自己定夺是否开展某项活动。在班会的这个阶段，每个问题和建议都应得到处理，直到班会时间用完为止。任何一个没有得到处理的纸条都将放回盒中等到下周班会时再来处理。

在班会的结尾，主持人要对每个人的倾听和参与表示感谢，并要求每个人安静地返回自己原来的位置。所有写着问题和建议的纸条，已经处理了就扔进垃圾筒，还未经处理则放回班会盒，并将班会盒和会议指南放回原处。然后将教室恢复原来的样子。就像班会开始时坐成圆圈一样，班会结束的这个活动阶段也要求保持安静。

班会是深入有效地开展思想政治工作、创建优秀班集体的主渠道、主阵地。可是，有些班主任由于对班会课重视程度不够或是认识上的偏差，导致班会课形式呆板单一、内容枯燥无味、效果欠佳。班会课没有固定的教材，也没有一成不变的主题，可它需要关注国家时事、关注学校德育动态、关注学生发展，要想取得较好的教育效果，必须努力在"创新"上多下功夫。

案例中，堂娜在班会中的轮流鼓励这一程序独具特色，其作用尤其突出。

班会一开始，全班同学的发言必须言简意赅，轮流对主持人进行鼓励。学生普遍反映听到大家的鼓励自我感觉特好，心里很受用，增强了自信心和自尊心，密切了同学间的关系，知道了自己的长处，明确了自己需要改进的方面，老师也因此端正了对学生的态度，可谓一举两得。

可见，创新是教育的灵魂，发展创新的能力是班会的主旨。既然是创新班会，就应该有特殊的班会气氛，丰富主题的材料，突出思考的特征，鼓励学生的活动，释放学生的能量，不把理解的视野局限在一个客观标准的框架下，不把鲜活的语言说成僵硬的套话，这样才能凸显创新的特征。

班会课在学校教育中起到重要作用。但在教育实践中有将班会课内涵缩小之虞，认为班会课就是上传下达，落实学校各项工作安排，就是进行思想教育。更有甚者，一些班主任在班会课上草草地讲几句训诫、劝导的活就了事，让学生学习自己任教的科目。这也会使学生认为班会课就是思想政治课，就是耳提面命的教导。这是现在学校教育中存在的一些不良现象，这是对班会课的内涵认识不够所导致的。其实，班会是进行德育、智育和美育教育的一个重要载体，学校和班主任应当科学规划，创新班会课课型，使班会课成为学生终生受益的课程。

那么，教师在班会中该如何进行创新，使班会活动多元化呢？下面提出几点建议。

一、班会时间多元化

做好班级工作，单靠每周一节的固定班会时间显然不够。还必须根据需要，随时召开临时班会。如早操、早晚自习、课间甚至周末、假期等，少则三五分钟，多则一节课，以便及时发现问题和解决问题。

比如，教师在查完早操后一般都要讲几句话，表扬先进，鞭策后进，鼓舞大家的斗志。针对晚自习课上课铃响后不易迅速安静这个薄弱环节，教师可在晚自习课间进行秘密观察，然后在打铃后马上进教室，有的放矢，对症下药，从而收到较好的效果。

二、班会场地多元化

班会课如果能走出教室，走向广阔的校园和社会，让学生身临其境，亲身体验，会起到意想不到的效果。

比如，讲宿舍卫生不妨让大家直接进宿舍轮流参观，尤其是男女生之间互相参观，孰优孰劣，不讲自明；谈遵纪守法可去访问少管所和工读学校；培养集体意识最好多组织室外集体活动，如登山、拔河等；激励学习斗志可去北大、清华等名校一游；也可以在一处风景秀丽的公园举行一次"谁是幽默大师"的比赛，让同学们开心地大笑，舒解一下紧张的学习压力。

三、班会人物多元化

一是班会主角多元化。首先是主体参与性原则，教师要引导学生做工作的主人，做生活的主人，做集体的主人，以主人翁的姿态投入到教育活动之中。班会上，他们不想也不能仅做一个旁观者。相反，让个体学生参与班会的全过程，不仅满足了他们自我表现的需要，更主要的是营造了心态开放的环境，使他们通过师生之间思想交流、撞击、对接，产生深刻体验和情感的共鸣，从而很自然地把德育要求内化为自己的信念。

因此，教师要注意整个班会过程中的民主与平等，要给学生参与的时间与空间，要激励每一位学生投入到班会活动中。如让班干部和普通同学谈谈对纪律的体会，或在各学习小组间组织班会设计竞标活动，由中标的小组来主持班会。学生在参与过程中增强了创造性思维和自主自理的意识，以及强烈的竞争意识和班级凝聚力。

二是班会参与者的多元化。科任教师要经常参加，必要的时候，还要请家长来参加，向社会开放。如请科任老师讲讲某一科的学习方法，请失足青年谈谈自己的无比懊悔，请刚刚考入名牌大学的校友谈学习和生活体会，请班里的某一个家长谈谈创业和持家的艰辛，总之，只要有可能达到预期目的，任何人都可以成为班会的主角。家长、师生互动及广泛参与体现了德育工作的突破。

四、班会语言多元化

班会语言的多元化要求摒弃空洞、枯燥、冗长的大话、空话和套话，要使语言生活化、幽默化、哲理化，达到亦庄亦谐，具体可行，让学生听着舒服，听了佩服，做了有进步。所以，不仅名人名言、诗词曲赋、文言文要进班会；俚语、歇后语、经典广告词、校园流行语、新生代怪怪语、流行歌曲语，乃至方言和外语，都可以进班会。总之，"千言万语"，皆我所用。

五、班会媒介多元化

现代科技的发达使班会可以借助多种媒介和设备，来摆脱"一只粉笔一块黑板一张嘴"的原始手段。通过多层次、全方位的感官刺激，给学生留下深刻的印象，从而比较轻松地达到教育目的。具体而言，可用的主要媒介有广播、电视、报纸、图片、声音、图像、互联网等，主要设备有录音机、录像机、复印机、幻灯机、投影仪、电脑、多媒体设备等。

有位优秀教师曾用多媒体上过一堂无语的人生观教育课。课件名为"灵魂深处的震撼"，基本素材是从一个网上论坛里偶然发现的共40张图片，反映民工、小商小贩、失学儿童、乞丐等社会最底层的真实的艰辛生活。

她配以序言及个别的必要的图片说明，插入低沉哀怨的乐曲，再设置成自动放映。整节课只说了两句话，"今天咱们先看些图片。"（看两遍后）"把你最深切的感受写下来。"但效果却出奇地好，学生的灵魂确实受到了深深的震撼。

六、班会形式多元化

学生喜欢求新求异，生动活泼。单调古板、一味灌输、说教式的主题班会早已让学生厌烦。教师应动脑筋想办法，设计出多种多样新颖别致的班会形式。比如，辩论会、演讲会、故事会、拍卖会、知识竞赛、模拟法庭、模拟招聘会、新闻发布会、才艺大比拼、参观访问、郊游远足、社会调查等。校园网建设成熟的还可通过 BBS、QQ、论坛、聊天室等高新技术互动方式进行。

比如，给学困生鼓劲，增强信心，可以专为他们开一个才艺展示会。进行爱国主义教育，可以直接去爱国主义教育基地。要想班里的人人都敢对班集体建设说实话，能隐藏真实姓名的 BBS、论坛、聊天室等是最好的方式。

七、班会主题多元化

班会主题是班会的核心所在，其他一切形式都要服务于这个内容。实现班会主题多元化，必须突破学习、纪律、卫生、安全等班会老四件。其实只要有爱心和责任心，一切以学生为中心，紧贴生活，紧扣时代，你会发现有很多新主题学生渴望听，老师有必要讲。比如人生观及世界观、社会公德、青春期保健、心理调适，异性交往、养生之道、时事新闻、老班儿揭秘、创新思维、美育常识、科普知识、环保意识、升学与就业、名校扫描、高考动态、大学生活、珍爱生命、远离毒品等。

例一，创新思维。创新思维是智力的重要标志之一。也是高考必然考察的能力之一。什么叫创新思维．如何在日常学习和生活中培养创新思维，学生们非常渴望了解。

例二，青春期保健。包括生理保健和心理保健，目的是教会学生如何面对生理巨变和心理巨变的"春秋战国"时代，如何在惊恐、躁动、迷茫和彷徨的惊涛骇浪中保持正确的航向。

例三，美育常识。现在学生对美育了解得少之又少，他们绝大部分认为美育就是美术或美德。这也难怪，因为美育在学校教育中往往被忽视甚至省略。美育对人的影响是无形的，终生的，让学生了解什么是美，怎么欣赏美，什么是真正的美很有必要。

例四，诚信教育。诚实、信用，是个人、集体和国家都应具备的重要品格，是中华民族的传统美德。诚信适用于各行各业，诚信才能无往而不胜。面对愈演愈烈的学生考试作弊现象，诚信教育显得非常迫切。而且还要让学生明白，诚信不仅是对他们的要求，而且是人的一生都需要的重要美德之一。

例五，珍爱生命。先组织学生查阅人之初的相关知识，然后请家长到学校来参加班会。班会上，母亲们纷纷讲述怀胎的艰难：为了保胎，感冒发烧不敢多吃药；怀胎的生理反应……之后再由学生发言谈感受。这一别开生面的班会，强烈震撼了学生的心灵，使他们懂得了孕育生命的艰难，懂得了生命不仅仅属于自己，悟到了孝敬父母、珍爱生命的道理。

第七节 从细节入手，培养自主管理习惯

习惯的力量是一种顽强而巨大的力量。习惯一旦形成之后，没有十倍百倍的力量，很难加以改变。许多人的习惯，终其身也无法改变。俗话说：江山易改，本性难移。形成了良好的习惯，为人处世，就会增大自己的自由度。所谓"从心所欲不逾矩"的境界是可以经过努力达到的。

良好的习惯是可以培养的，习惯养成之后看上去"很自然"，但是养成的过程却并不是自然的。作为一名教师，为了使我们的学生在成长过程中少付出一些不必要的代价，少走一些弯路，为了培养德智体全面发展的人，我们要提高认识，总结教育经验，自觉从事这方面的实践，掌握教育的艺术。

现在的老师场感叹教师真是越来越难当了！面对学生总是不能按时完成作业，缺乏自觉性和上进心，有各种各样的难以改正的小毛病等问题，教师也总是把握不好自己和这些小调皮的距离。下面让我们来看看美国最佳教师奖获得者罗恩·克拉克带给我们的启示与借鉴。

55 条班规的魔力

罗恩·克拉克所带的一个班，有 37 个学生，所有人都来自贫困社区，没有一个人的阅读、写作或是数学成绩达到年级水平——这样的一个班，无论交给谁，谁都会感到无从下手。

克拉克从建章立制开始：他给这些学生制定了一套硬性的行为标准，要求他们严格遵照执行，否则便会受到惩罚。同时，他对这些纽约哈莱姆区的拉美裔学生提出了很高的学习要求。给了学生规矩，并不一定能真正实现，如果没有克拉克先生克服一切阻力，孜孜不倦地坚持，尽管再不情愿也坚持，尽管再困难也坚持，甚至为了学生改变自己的不良习惯，那就不可能有这样的成功。

下面让我们来看看罗恩·克拉克55条班规的魔力（节选）：

"用眼睛和他人沟通。有人对你说话时，眼睛要注视着他；有人发表意见时，你的身体和脸要正对着他。"

"与人交谈的过程中，如果别人问你一个问题，你应该先回答，然后再回问一个问题。这事关礼貌，你要向别人表示：像他们对你感兴趣一样，你也对他们感兴趣。"

"我递给你东西的时候，你要说'谢谢'。如果你在三秒钟内没说，那我就把东西拿回来。既然你不尊重我，我也没必要对你客气。"

"顺手做些善意的事，给别人以惊喜。每个月至少创造性地做一件令人惊喜的、善意而又慷慨的事情。"

"我布置家庭作业的时候，不允许有人抱怨或发牢骚。如果谁这样做了，他就必须做双倍的家庭作业。"

"在学校里，如果某位老师在对一名学生说话，或在教训他，请不要盯着这名学生看。"

"有人不小心碰了你，尽管不是你的错，你也要说：'对不起！'

"如果学校里的学生有谁惹了你，一定要让我知道。我是你们的老师，我在这里照顾你们，保护你们，我不允许这所学校里的任何人欺负你们，或者让你们感到不愉快。但我希望你们不要自己处理这些事情，让我来和这些捣蛋鬼打交道。"

"坚持你的信念，如果你强烈地感到你应该做什么事情，就尽管去做。"

"不管情况怎样，要永远保持诚实，即使你做错了事情，也最好向我承认，因为我欣赏这种态度。由于你的诚实，我会忘记对你进行任何惩罚。"

克拉克总结的55个细节内容丰富，涵盖了青少年成长的方方面面。

他用事实告诉我们：每个孩子都有其独特的天赋和可塑性，只要我们让孩子们置身于充满新鲜感的教育氛围中，只要让他们感觉到自己确实是被人需要、被人爱着的，只要让他们成长并快乐着，那么，即使是令人头痛的问题学生也会成长为举止得体、品行高尚的好孩子。

为了帮助孩子们变得有条理，克拉克老师在假期里去商店买回了一套他希望孩子们人手一份的用具，能装下笔记本的大架子、活页纸、笔记本、尺等等。克拉克老师把买到的所有物品摆放在地板上拍照，并列好明细清单，在开学前 3 个星期给每个学生发了一份照片和信。开学时，克拉克老师仔细检查每位同学的用品，告诉他们每件东西什么时候用，在上面贴上标签，还给孩子们做示范等。后来孩子们自然变得非常有条理，克拉克老师领悟到，其实孩子很喜欢条理化。另外，值得一提的是，克拉克老师每年都问他以前的学生，他们的新老师对他们在班上的表现有哪些看法。这样克拉克老师就可以从侧面了解自己的教学有哪些不足，有哪些成功。

克拉克先生为了让学生按时完成每天的家庭作业，他在教室外贴了一条巨大的横幅，上面写着："全班所有同学连续完成全部家庭作业"。当学生们连续完成超过 10 天，克拉克先生就开始给他们做好吃的小点心。学生们最长是连续 62 天，克拉克先生笑称自己都成了"厨爷"了。但是，如果谁违反了，他就必须做两倍的作业。克拉克坚持这个严厉的惩罚，就是为了让学生以积极进取的心态接受必须完成的任务。

英国哲学家艾蒙斯说："习惯要不是最好的仆人，便是最坏的主人。"习惯有好有坏，好习惯会使人获得成功和幸福，坏习惯会导致人生的失败与不幸。所以，教育的最根本目的是要培养学生良好的习惯，让学生逐渐学会自主管理，教会学生如何做人。

良好的习惯一旦养成之后，便用不着借助记忆，很容易也很自然地就能发生作用，就会成为我们终生受用不尽的财富。正如洛克所说："事实上一切教育归根结底都是为了培养人的良好习惯，甚至一个人的

幸福往往归结于自己的好习惯。"

　　因此，教书育人，最首要的不是要教学生学到多少知识，而是要培养一个好的习惯。良好的道德习惯是做人处事的根本。如果只在某一时某一地做到，那就称不上有良好的道德素养，而必须转化为习惯，才能成为控制自己行为的道德理念。因此，教师对学生的教育是不分地点、不分时间的，只要教育的契机一出现，教师就应该有慧眼有责任去履行教育的职责。

第四章

德育建设与班集体建设

第一节　怎样处理德育建设与班级管理

班集体是按照班级授课制的培养目标和教育规范组织起来的，以共同学习活动和直接人际交往为特征、以集体主义价值为导向的社会心理共同体。良好的班集体不是自发产生或自然形成的，而是集体教育与自我教育的结果。因此，建设良好的班集体，既是班主任工作的中心环节，也是班主任德育的主要任务。

班主任德育与班级管理

1. 主体意识与集体动力

建设班集体的重要性，每个班主任都知道。但是若问：班集体建设的动力来自何处？许多班主任未必能答出来。其实，这是一个基本的问题。一群原本互不相识的学生走进一个叫"班级"的特定空间，他们是怎样形成集体的呢？如果连这其中的道理都不甚了了，班集体建设肯定形式多于内容、空耗多于实效。

前苏联心理学家彼得罗夫斯基在集体发展理论中指出，原本松散的群体之所以能发展成为集体，并非直接与群体中的个体的交互作用和人际关系相联系，而是建立在群体中的个体越来越多地参加共同活动过程的基础上；当群体活动本身的价值在更大程度上为每个个体所分担时，群体经由自己的各个发展阶段并最终成为集体。换句话说，共同活动是集体形成和发展的主要决定因素，正是在群体性的共同活动水平不断提高的基础上，群体才可能发展成为集体。这个道理对班集体建设及班级德育极有借鉴价值。其一，集体形成和发展的主要决定因素是群体性的共同活动，说明集体形成和发展的动力来自内部；其二，共同活动的产生来自于活动本身的价值吸引，并为每个个体乐于承担，说明每个个体都是这种共同活动的主体，他们是在为自己活动的同时，形成了一种"人人为我，我为人人"的集体关系。

这与哲学上讲的道理是一样的：事物发展是外因和内因相互作用的结果，其中外因是事物发展的条件，内因是事物发展的动力，外因通过内因而起作用。然而，在实际的班集体建设和班级德育过程中，许多班主任常常忘记了这个中学时就学过的道理，从自己的角度考虑外因多，而从学生的角度考虑内因少；或者虽考虑到内因，但对外因如何通过内因才能起作用考虑不充分；更有甚者倒置这种内外因的关系。

谁的"园地"

每个学期一开始，班级布置总是一件非做不可的事情，更何况我们新校舍的教室后面一块雪白的瓷砖墙取代了黑板报。

这是因为历年来的黑板报存在的一些弊端：首先，这块园地锻炼的是部分学生（书写漂亮，绘画有功底，习作优秀的）。其次，它内容局限（一块黑板报上无非只有三四篇文章）。再次，更换要两个星期一次，久而久之，变成为了检查才更换，失去了它应有的意义和功能。基于此，新校舍的教室后面取而代之的就是一面宽大的墙，希望以此给学生一片自由广阔的展示天空，每个人都有自己的"自留地"。习惯了黑板报的书写，偌大一面墙的布置和设计确实给了师生一个很大的工作量和创造性的任务。给了师生们一个星期的时间进行布置，让我们跟随镜头去看看：

A类班级：时间已是放了晚学，教室里的墙上布置已经完毕，教室里也已经没有了老师，一切静悄悄的。

B类班级：时间已是放晚学过后很久了，教室里仍旧灯火通明，老师还在努力地忙活着，变成专业设计师了。

C类班级：时间已是晚上十二点，教室里还有老师一个人默默地在布置着。

看了这三组镜头，再来看看学生的表现。当我们走过一个个教室，发现：

A 类班级的学生兴奋异常，自豪万分，还滔滔不绝地给我们介绍布置和设计的过程、特色等。

B 类和 C 类班级的学生同样高兴，可是并不激动，也没有想要介绍的欲望。

原因：A 类教室的布置，学生做了主角，从设计到策划到布置，全部是学生齐动手。B 类和 C 类教室的布置，老师承担了"全部责任"，既很累又忙到很晚。

这究竟是"谁的园地"？有人会说，当然是学生的。如果从共同活动的角度再问："这究竟是谁的'园地'？"答案就不确定了。至少在 B 类和 C 类班级中，这不像是学生的园地。照惯常的思维，B 类和 C 类班级的班主任不应该表扬吗？你看他们工作多么负责，甚至一丝不苟，忙到晚上十二点还没走。然而，从共同活动及其与班集体建设的关系看，以及从学生的反应看，问题就值得反思。

尽管班主任作为一分子，积极参与布置"园地"这一班集体的共同活动，从表面上看是与教育改革的要求相一致的，但是往深处分析，就有很多班主任自己都意想不到的问题：班主任的特殊身份，不可能使学生将之看作与他们完全一样的活动分子，许多事情需要征询他的意见，如怎么排版和装饰、选什么内容和材料、用什么字体和颜色，如果班主任不赞成、不表态，学生就拿不定主意；这样一来，布置"园地"就不再是学生乐于分担的共同活动，因为他们没有主动权，甚至没有主体意识。像 C 类班级，班主任之所以忙到晚上十二点，肯定是许多跟着班主任一起干的学生，早就不耐烦了，甚至找借口走人了，既然什么都要征求你班主任的意见、态度，那么干脆你自己干吧！

谈到主体意识与集体动力，我们再来看一个有关中美教育观念比较的事例：

美国的教师教学生画苹果时，提上一袋苹果，一人分一个，让学生看、摸、闻，甚至咬上几口，然后开始画苹果。结果大多数学生第一次画出来的像西瓜，第二次画出来的像梨子，第三四次画出来的才像苹果。而中国的教师教学生画苹果时，只带一支粉笔，先对全班学生讲解画苹果的各种注意事项，然后在黑板上一笔一画地仔细示范，最后才让学生照着老师的样板画。结果，所有的学生第一次画出来的就像苹果。

比较而言，美国学生虽然画得费劲且不太像苹果。但画出来的却是"生活中的苹果"、"自己的苹果"；中国的学生虽然画得轻松且很像苹果，但画出来的却是"黑板上的苹果"、"老师的苹果"！

班集体建设和班级德育中，是不是也存在同样的道理？

2. 纪律自觉与德育主体

纪律问题一直是让班主任操心甚至头痛的问题。在很多领导和老师看来，纪律是组织和建设班集体的保证，是班主任德育工作水平的表征，一个班级如果没有形成良好的纪律，就谈不上班集体的形成。因此，一个班级是否纪律井然、令行禁止，常常影响这个班在科任教师心目中的形象，以及学校领导对班主任的评价。因此，每一个班主任都在纪律问题上动了不少心思、花了大量力气。

班集体的建设当然需要纪律的保障，这一点毋庸置疑。但是，问题在于是什么样的纪律，是自觉的纪律，还是被迫的纪律？所谓自觉纪律，就是指学生将外在的纪律要求转化为学生自我品格修养的内在要求和自觉行动，它具体表现为：当学生单独在某个地方的时候，或老师不在场的时候，他们也知道按既定的纪律要求约束自己。然而，在我们的班集体建设实践中，许多班主任往往只注重纪律的形式，而不太重视纪律的内容；或也知道养成自觉纪律的重要，但由于其养成过程费事、费神，反复、麻烦多多，以致常常用统一性的强迫要求代替自觉的纪律，甚至连安排座位都不例外。其结果，许多学生把班级纪律视为对其自由、人格的限制和束缚。

当前教育改革的一个重要特征，就是强调要将学生当作教育的主体，注重学生在班级教育活动尤其是班级德育活动中的主体参与，改变传统班级管理及道德教育中教师主宰、灌输、控制等弊端，通过优化教育途径和教育环境，强化学生的主体意识，弘扬主体精神。但是现实情况如何呢？班主任都知道学生应该是教育的主体，班集体建设和班级德育活动要注重学生的全员参与。然而，恰恰是为了这个"全员参与"的结果，一些班主任忽视了学生的主体性。因为，既然学生是主体。他们就有选择权，可以选择参与，也可以选择不参与。可是，我们一些班主任只承认学生有参与的权利，而不承认或不接受他们有不参与的权利。连选择权都没有，还算是主体吗？这说明一些班主任尚未真正接受学生是教育的主体这一新观念。

再从学生主体问题回到自觉纪律的养成。如果我们真正承认学生是教育的主体，那么在对学生进行自觉纪律的养成教育之前，我们应该对纪律及其与班集体和班级德育的关系有个正确的认识。首先，我们要养成的是自觉的纪律，即不需监督的、真正的纪律，而不是被迫的纪律，即虚假的、做给别人看的纪律。一个班级如果没有形成自觉的纪律，就谈不上班集体的形成，更谈不上德育实效。其次，自觉的纪律是教育的结果，因为学生养成自觉纪律的过程，是在老师信任与激励下，主动地、不断地与自身的不良欲望和不良习惯作斗争的过程。第三，自觉纪律的养成是一个自主性的自我教育过程，其中有反复、退缩、痛苦，也有麻烦，需要老师的鼓励和督促，但是如果没有自主性，自觉的纪律无从养成。

最后谈谈被迫纪律的危害。教育心理学研究表明，那些以强迫命令、刻板专横的权力主义方式抓纪律问题的班主任，其对学生心理和道德发展会产生至少三个方面的显著消极影响：一是恶化师生关系，班主任被学生看作是个专制者；二是导致学生心理异常，学生在与这种班主任交往时，惧怕和焦虑向然使他们产生种种异常的防御反应，影响学生心理和个性的健康发展；三是导致学生道德发展水平的下滑，即学生在该班主任面前之所以规规矩矩、老老实实，主要是为了避免他的非难，以致他的班级中虚伪、假装、说谎等欺骗现象明显多于那些以民主方式行事的班级。而且，研究者的结论强调，欺骗是精神贫乏的象征。

3. 时机与德育脉动

都说班主任德育如厨师炒菜，讲究时机与火候。的确，班集体建设和班级德育，都是作用于学生心理的事情，不仅是动态的，而且又是因当时的情景、条件、地点、时间的不同而变化的。善于抓住教育时机的班主任，常常会获得事半功倍的工作成绩。话虽这么说，但是教育时机也不是那么容易把握的。有位班主任就为此苦恼：都说"校园无小事，事事皆育人；学校无空地，无处不育人"。只要我们时时处处都用心、细心地观察，教育的时机随时都会出现。我真想跟说这话的人急。作为班主任，上课我巡堂，自习课我去课堂，课间我远望走廊，中午、下午课外活动，我也时常转悠图书馆、阅览室和运动场，无非是想通过自己的眼睛捕捉教育的时机，可结果……

这恐怕是不少班主任时常会有的苦恼。问题在哪儿呢？

时机只有与人的"眼光"结合，才不会错过。优秀班主任任小艾以自己的经历为我们作了注解。

教育时机与德育脉动

任小艾当年所在的北京 19 中学，曾经是有名的薄弱中学，号称"不出流氓出土匪"。而现在，北京 19 中学成了北京市文明单位。该校校长谈及这段经历，总要从任小艾那个班的一个女同学说起。

任小艾当年刚接一个初一新班才两周，一天，她在楼道碰到本班的一个女同学，该同学立正站好向她打了个队礼，"老师好"。她当时特激动，心想，在我们这样的学校，能对老师讲文明礼貌，这真是不多见，如果大家都能这样做该有多好啊！于是，她想了一个办法，到商店买了一个同学们最喜欢的文具，然后又到政教主任那里要了一张"文明礼貌标兵"奖状。第二天早晨，任小艾一手拿奖状一手拿奖品进了班级。对大家说："同学们，我对大家不熟悉，才教了两个星期。但是昨天一个同学的表现给了我极其深刻的印象，她见了老师以后打队礼，还说了一声'老师好'，这个同学多讲文明礼貌，多有修养。说明小学老师教育得好，说明家长教育得好，我要亲自给她的小学班主任和家长写一封感谢信，感谢他们教育了这么好的孩子。同时今天。我还要在这里给她颁奖，祝贺她成为我们班的一个文明礼貌标兵。她是谁呢？她就是我们班某某同学。请你到前面来领奖。"这个女孩子激动地走到前面，双手接奖，不仅说"谢谢老师！"，还对任小艾鞠了一个90度的躬。任小艾又抓住教育时机，夸奖说："看她接奖的姿势，真不愧是文明礼貌标兵呀。"后来科任老师纷纷反映，任小艾班的学生跟别的班的学生不一样，所有的同学进教室个个都是打着队礼说"老师好"，连拿卷子都用双手拿。这话后来传到校长耳朵里了，说你哪天下了课从任小艾他们班门口过一下，感受一下。校长说："是吗？那我去感受一下。"

有一天，校长果然来了。那楼道两旁的同学们一看校长来了，都站好了热情招呼"校长好，校长好"，校长摸着孩子们的手说"孩子们你们好，你们好"，心里特高兴。可等校长转到另一个班，立刻就没人理了。不仅没人理，学生们一看校长来了，都跑到教室里躲了起来。校长想，我又不是老虎你们躲什么；这不行，我也要抓住教育时机。于是在周末的校会上表扬了初一（2）班的小同学，号召全校高中初中的学生向他们学习，并且宣布本学期末在全校评选文明班级。于是全校文明礼貌热潮就这样被掀起来了。

这就是抓住教育时机产生的事半功倍的效果。

看班主任小艾老师的事例，很让人佩服。佩服之余，不禁要想，就班集体建设和班级德育而言，有哪些教育时机可抓呢？下面是一些班主任的集体智慧。

开学之初、每周之始。每个假期之后，学生的精神状态总是特别好。尤其是开学之初，绝大多数学生都满怀希望和决心，愿意在新学期里有一番好表现和新作为。如果面对新环境、新老师、新同学，甚或是新班级政策，其心理状态就更为活跃、敏感而积极，适应性特别好。这时来自班主任的任何激励与鼓动，都有可能会掀起班集体建设和班级德育活动的小高潮。每周之始的时机也是同样道理。

考试前后。考试之前，特别是大考之前，是考试焦虑的高发期；考试之后则是心理干预的最佳时期，受困扰而无法自拔的学生最容易在此时发生极端的行为。除了极端事例之外，当以下情形出现时，都值得班主任关注：考前发呆，找借口拖延时间；没有信心，不安，考场上多余动作增加；反复检查作业，不能有效组织学习；胡乱答完卷子，早早离开考场；过分关注考试结果，神情非常紧张；不断与他人比较，特别在意别人的评价；老想着过去失败的经历；不由自主地想一些无关的事情……这时班主任的适时出现，有如普度众生的佛祖，用自信去感染人，用善良和慈悲超脱人。

集体活动或比赛之后。集体活动、各种比赛，都有一个宣传动员、发动组织、进行活动的过程，这三个环节班主任一般都比较重视，而忽视的是对比赛活动后的总结。其实，活动后的总结在班主任德育中，犹如画龙点睛，其实效就毕其功于此。比如参加大会，会后就应强调会议要点并适当补充发挥，同时及时总结纪律、注意力、卫生等方面的表现，及时肯定个人的文明修养，否定会场上班级内外的不良表现；如无总结，会议内容必然打折扣，今后的会议秩序也必将随波逐流。再如运动会的比赛，全班都参与了，这是一个很好的集体主义精神的教育时机，班主任可以给运动员打气，组织女生拉拉队加油鼓劲，组织没有比赛任务的学生端茶送水，让他们也参与到集体活动中来。而比赛完了之后，学生们全在等着班主任肯定自己的各种表现呢，班主任怎能不及时鼓励和表彰？这时候班主任一旦缺位，等于让学生看了一幕没有结局的电影，让学生演了一台没有掌声的戏剧，效果可想而知。

偶发事件之后。许多班主任最头疼班级中无法预知的偶发事件，所以一旦发生只能消极应付甚至绕着走，但正常情况还是硬着头皮处理。这里还有一个"正常情况"：偶发事件发生后，当事者惴惴不安等着班主任处理，其他学生也在静观班主任的态度，可能最好的学生也不例外。班主任是否公正？班主任是否智慧？是遇强更强还是欺软怕硬？所以处理偶发事件是班主任建立威信、有效进行现场教育的最佳时机。

第二节　如何通过德育建设改变班级风气

一、班级舆论及其德育调控

　　班级是一个小社会。在班级成员的交往中，某些信息、观念和意见会得到大多数人的认同，从而得以在班级中广泛传播，形成班级舆论。班级舆论对学生的道德发展关系密切，因为它是班级中多数学生价值观的反映，具体体现了他们在认识某些事情上的真善美状况。也正是因为如此，班级舆论是一种无形但有力的教育力量，对学生的价值取向、人生态度和行为方式产生强大的影响，并且直接影响班级的凝聚力和风气。

　　然而，由于班级舆论常常是自发产生的，不免带有非理性的成分，特别是由于种种社会消极因素的影响，它在表达多数学生意志的同时，也往往集中了各种短见、偏见、虚假信息和消极价值观念，从而形成消极班级舆论，对班级建设和学生成长带来不利影响。而且，由于消极班级舆论具有很强的吸引力，它的消极影响会像滚雪球一样迅速扩大，如果任其发展，后果难以预测。特别是在中学阶段，随着自我意识的迅速增强，学生往往会产生反叛心理，为消极班级舆论的传播提供了有利条件，常使得有些消极班级舆论成为班级的主导舆论。因此，重视和研究消极班级舆论，进而调节和控制消极班级舆论，是班集体建设的重要德育内容。

消极班级舆论的形态

　　舆论需要有传播载体，不同的传播载体形成不同的舆论形态。消极班级舆论形态，大致可分为观念形态、信息形态、情绪形态和行为形态四种。

第一，信息形态。消极班级舆论的信息形态主要有两种：一种是负面信息，一种是虚假信息。好事不出门，坏事传千里。学生对负面信息的兴趣似乎要更大些。当然，负面信息本身并不是消极舆论，它甚至会产生积极舆论。但是，如果学生仅仅是出于兴趣去传播就会形成消极舆论。譬如，在班级中，不少学生都热衷于传播关于明星私生活的八卦新闻，这些负面信息的过度传播会形成消极的舆论导向，对学生人生观、世界观、价值观的形成等都会产生不利影响。虚假信息主要是指谎言、流言和谣言，它会误导学生和教师，使学生之间、师生之间关系紧张，导致人心涣散、班级动荡，是一种危害极大的消极班级舆论，应该引起班主任的高度重视。

第二，观念形态。观念是舆论最常见的载体，我们通常所接触的消极班级舆论多是属于观念形态。在班级中，当一种消极观念由于种种原因得到一些学生的认同时，消极舆论就产生了。这种消极观念既可能是原生于班级的，也有可能是社会观念的移植。由于社会的强大影响力和渗透力，后者的舆论力量要更大一些。有一位班主任在班级中实行班干部轮换制，学生表现出了强烈的"当官"愿望，不愿意当平凡而辛苦的"清洁委员"；还有人甚至觉得，总是当中队委没意思，想换个大队委当当。被问及想当干部的原因时，学生的回答是，因为比较神气啊……这种消极舆论的形成与社会上盛行的"官本位"思想有着密切联系。是社会观念对班级舆论影响和渗透的典型表现。

第三，情绪形态。舆论并不总是以明确、清晰的观念形态呈现的，有时，难以名状的情绪也会形成舆论。处于青少年时期的学生情绪调控能力有限，情绪波动很大，消极情绪的产生在所难免；而情绪具有很强的感染性，一个学生的消极情绪往往会影响到与之关系密切的朋友、同桌、室友，在特定情况下甚至会波及整个班级，成为一种集体舆论。音乐、口号、标语、顺口溜等富有情感、煽动性，是情绪性舆论的有效导体。有这样一首新校园歌谣：太阳当空照，骷髅对我笑，小鸟说"早早早"，你为什么背上炸药包？我去炸学校，老师不知道，一拉弦，赶快跑，轰隆一声，学校炸没了。这首歌谣之所以能流传一时，就是因为它传达了许多学生对学校的厌倦甚至是痛恨情绪，而这种情绪在流传之中又被不断地叠加和扩大，从而成为一种具有破坏性的消极舆论。此外，"六十分万岁，多一分浪费"，"考考考，教师的法宝；分分分，学生的命根"等顺口溜的广泛流传，也是因为契合了学生的厌学情绪，成为学生发泄的一种有效方式。

第四，行为形态。用行动来表达意见是一种常见的舆论表达形式，如鼓掌、集会、游行、罢工等。在班级中，当一种消极舆论形成一定的规模之后，一方面，它所积聚的舆论力量需要以某种方式来宣泄；另一方面，它也需要以某种行为更鲜明、更激烈地表达舆论群体的集体意见。此时，集体的消极行为往往是最佳选择。消极行为既有可能是"有所为"，即做不该做的，如扰乱课堂秩序、损坏公物、鼓倒掌、喝倒彩等，也有可能是"不作为"，即不做该做的，如集体逃课、逃避劳动、不做作业、不参加集体活动等。行为形态是消极班级舆论发展到一定程度的产物，是班级舆论的激烈表现形式，对班集体具有一定的破坏力。因此，班主任应该深入班级了解情况，及早发现、引导和化解消极班级舆论，尽量避免集体性消极行为的发生。

虽然消极班级舆论的形成往往是自发的，但是并不意味着它就不可把握。在对它进行充分了解后，可以采取一些针对性的策略进行引导，力求化解之，或把它作为教育契机，引导班级舆论走向积极的一面。当然，消极班级舆论的引导既涉及班级内部的舆论调控，又与校园舆论、社会舆论等外部舆论环境的净化关联甚密。这里从班级舆论调控的角度分四点加以探讨。

第一，营造宽松和谐的班级人际关系。班级舆论的消极与否，主要取决于两点：一是舆论事件的特征，二是舆论传播人的情绪状态。班级人际关系对这两点都有很大的影响。首先，紧张的人际关系一般都会导致不愉快的事件，而不愉快的事件则容易引发消极班级舆论；其次，紧张的人际关系往往会使人的情绪低落，充满悲观、失望和冷漠，这种消极情绪会直接导致消极班级舆论的产生。因此，改造班级人际关系、营造宽松和谐的班级氛围，是调控消极班级舆论的有效策略。其中，师生人际关系尤为重要。一般说来，教师所代表的成人文化与学生所代表的青少年文化之间存在着一定的裂隙和错位，而青少年又不同程度地存在着叛逆心理，易导致师生之间产生隔阂，关系紧张。在大多数班级里，总有一些学生对班主任怀有冷漠、戒备和敌视心理，喜欢传播，甚至是编造一些关于班主任的负面消息，并嘲笑、孤立和班主任关系比较亲密的学生，譬如班干部、课代表等。当这种行为形成一定气候之后，消极班级舆论就产生了。因此，要营造宽松和谐的师生关系，教师要做出更多的努力，尽量以平等协商者的身份与学生对话，对学生的文化观念和行为方式多一些宽容和理解，不要高高在上俯视学生，不要滥用角色所赋予的权力来压制学生。

第二，保持畅通的信息沟通。某班学生在随笔中不断提到学校为他们换教室的事情，由于是换到了一个条件较差的教室，且恰好该班平时的班级状态不是很好，绝大多数学生都认为这是学校在"整"他们，因此集体的消极情绪很快就汇集成了消极的班级舆论。事实上，换教室的唯一原因是该班原来教室旁边有一间危房，学校要进行改造，怕对他们产生影响。但是，由于班主任没有把这一信息准确而有效地传达给学生，所以引起了学生的误解。可见，信息沟通渠道不畅、信息传递不及时是流言滋生、谣言散播的主要原因，容易使师生之间产生误解，从而产生消极的班级舆论。沟通是双向的，信息交流是对称的。在工作中，班主任既要留意学生的意见和想法，想方设法了解和收集"民意"，也要及时地把学校的信息、自己的观点传达给学生，以求得双方信息的通畅交流，观点的充分磨合。这里特别要提到一个问题：有些班主任喜欢通过各种渠道了解和打探关于学生的种种信息，以求对学生的充分、全面的了解；但是，或许是为了保持自己的信息优势地位，或许是信奉"民可使由之，不可使知之"，所以不轻易向学生透露信息，不愿意和学生沟通交流。时间一长，学生会觉得自己是处在单面玻璃屋中，班主任可以看到自己，而自己却看不到班主任，觉得班主任的行为类似于窥视，从而对班主任产生不信任，对这种单向的信息流动心存疑惧和反感。出于报复心理，也出于自我保护的本能，学生会想方设法将单面玻璃的另一面也遮起来，堵塞班主任了解自己的信息渠道。

第三，建立公正、透明的班务处理系统。班级事务是学生的公共事务，关系到学生的切身利益和班级的良性发展，是学生关注的焦点。如果在班务处理中存在暗箱操作和不公现象，会影响到学生对班级和班主任的情感、态度，影响到学生参与班级建设和管理的热情。严重的甚至会引发学生与学生之间、学生与班主任之间的对立情绪，造成班级的四分五裂，人心涣散，消极班级舆论也便会由此而生。因此，建立公正、透明的班务处理系统是化解消极班级舆论的必要途径。在目前的班级管理系统中，日常的班务处理主要是由班干部来完成的，首先必须保证班干部是通过公正、透明的途径产生的，只有如此，班务的处理才能充分考虑最大多数学生的利益与班级的整体利益。但是。在实践中，班干部的产生却存在着不少弊端：有的班主任为保证自己的绝对权威，直接指定自己的亲信为班干部；有的班主任为"鼓励"学生，让成绩好的同学来担任班干部；有的班主任"抓大放小"，班长和团支书自己指派，其他支部由学生选举；更有甚者，有的班主任因为人情等原因，想方设法把某些需要"重点照顾"的对象照顾到班干部队伍中去。凡此种种，都有违公正、透明原则，都会引发学生的不满和抵触情绪，导致学生与班干部之间关系紧张，引发消极班级舆论，不利于班级的良性发展。

第四，关注消极舆论源、舆论人和舆论圈。消极班级舆论总是有一定的舆论来源；在传播的过程中，舆论人和舆论圈是消极班级舆论的放大器，起着推波助澜的作用。因此。在班级管理和德育工作中，班主任要密切关注消极舆论源、舆论人和舆论圈，以便及时发现消极舆论的产生，分析和把握它的发展趋势，并对其进行具有针对性的引导和调控。班级消极舆论主要来源于社会舆论、家庭舆论和学校舆论，获得舆论的途径主要是熟人群体、家庭成员、同学、朋友和大众传播媒介，真正原发于班级的舆论较少。因此，班主任在关注消极舆论源方面能做的事主要有两件：一是尽其所能控制源于班级的消极舆论源；二是进行积极的舆论引导，提高学生对源于班外的消极舆论的免疫力。舆论人是指那些能较早发现和抓住舆论热点、并积极发表和传播个人意见、在舆论的形成和传播中充当舆论主体的角色。消极班级舆论也有自己的舆论人。班级中的一些"刺儿头"，由于在学生中具有较高的影响力，经常充当着消极舆论领袖的角色。特别是在中学阶段，这些"刺儿头"与班主任唱反调、对着干的行为，恰恰迎合了学生的叛逆心理，更容易得到学生的支持和拥护。让班主任百思不得其解的是，这些"坏学生"为什么会成为班级的焦点人物，学生为什么会相信他们的那些"异端邪说"？其实，如果静下心来细细分析的话，我们会发现这些"刺儿头"之所以能成为舆论人，除了学生的辨别力较差和青春期叛逆之外，更多是得益于自身的一些优点，如头脑灵活、能言善辩、情商高、人缘好、具有亲和力。因此，在着力提高学生的辨别力、化解学生的叛逆心理的基础上，班主任要辩证认识消极舆论人的舆论导向功能：在教育转化的同时，弃其所短、用其所长，利用他们在班级中的号召力，引导他们在班级舆论建设中发挥积极作用。在大多数情况下我们会发现，"招安"一人、带动一片，转化消极班级舆论能收到事半功倍的教育效果。舆论圈是指有相同舆论兴趣，持一致观点看法的人所自动形成的舆论传播和交流群体。在班级中，围绕着消极舆论人，往往会形成一个个消极舆论圈，如悲观者舆论圈、厌学者舆论圈、偏激者舆论圈、不良习惯舆论圈，等等。和所有的舆论圈一样，消极班级舆论圈是具有扩散性的，如果对它不加关注和引导，那么，一方面，消极舆论会在不断地扩散中膨胀，像滚雪球一样迅速扩大其影响；另一方面，性质相近的消极舆论圈也会在扩散中交叉、融合。形成新的规模更大的消极舆论圈。以上两种情况都会给消极班级舆论的化解带来很大的难度。因此，对于消极班级舆论圈，班主任必须密切关注，深入分析，及早寻找合理的对策，或阻断舆论源，或转化舆论人，或分化舆论圈。需要特别说明的是，因为消极班级舆论圈是自发形成的，且是建立在共同的舆论认同基础之上的，所以，不论采取何种对策都应遵循舆论引导、自发解散的原则，而不能肆意打压和强行拆解。后者不仅很难奏效，而且还有可能因为存在外在压力和生存危机，消极班级舆论圈的凝聚力和向心力反而更加强大，从而导致目的与效果的背道而驰。

二、"拜官"现象及其德育对策

近来，时有媒体报道中小学生热衷于在校做官，觉得做官高人一等，是能力和关系等个人综合实力的反映。为让自己的孩子能在班级、年级或者学校谋个一官半职，一些家长也有意无意地卷入到了谋官的热潮中。每到选举班干部时，都会有家长积极活动，打电话、批关系、递条子，弄得班主任左右为难。为了平衡来自各方面的关系，有些班主任绞尽脑汁，设置了一系列这个"委员"、那个"长"，弄得班里大部分人都有"官衔"。

"拜官"现象发生在本应纯洁的校园里，已引起社会有识之士的关注与担忧，也成为班主任德育和班风建设工作不可回避的问题。

学生"拜官"现象集锦

2000年3月6日，《华声报》曾报载这样一个事例：开学伊始，辽宁省葫芦岛市某小学二年级的班主任李老师一直犯愁，原来班里3名学生家长先后找到他，请他为孩子安排一个班级干部当当。按李老师的说法，这些家长都表现出极大的对孩子发展的要求，我实在不忍让他们失望，况且平时他们也为我们解决了一些实际问题……眼瞅着开学日期已到，李老师无奈地决定：班干部"扩编"。

《文汇报》曾经报道这样一则事例：某小学为推行一项校内体验教

育实践，把校内所有岗位都拿出来供学生选择。结果，校长助理以900票高居榜首，而食堂主管只有一票。暂且不议校长助理缘何如此受学生们青睐，光是900∶1的数量差就不得不让我们体味到当官的诱惑力有多大。

中国教育网站2001年8月23日曾经刊载这样一个事例：吉林市一些重点小学门口连日来出现个别摆地摊的小商贩向小学生们兜售官衔臂章的现象，而掏钱买官的小学生居然不在少数。这种塑料封制的官衔臂章从小队长到大队长，各种等级一应俱全。记者了解到各级官衔各有标价，一般的卖1元人民币，最大的大队长卖2元人民币，而且中队长特别热卖。读了这则消息，我们不禁想问，可爱的孩子们到底是为了过把瘾。还是为了其他的什么呢？

据《莱芜日报》报道，一位张先生在检查上小学四年级的儿子的作业时，发现其书包中多了些自己从来没买过的东西，有带锁的日记本，也有高档的圆珠笔等。原来儿子在班里当了班长，这些东西是同学送给他的礼品。据儿子讲，有时同学们还请他吃羊肉串，请他去上网。

类似的报道还可以列出很多，《重庆晨报》报载：一张姓家长的女儿平平（化名）以前一直是"平头百姓"。开学后平平被选为小组长，做了"官"，起初同小组的8个同学轮流坐庄，摆"庆功宴"；发展到后来，竟有同学给她送起礼来。按平平的说法，小组长是很有实权的"官员"：给本小组8名同学打考勤、收发作业、布置清洁任务、向老师反映本小组同学表现情况等。如此"大"的权力，谁还敢得罪呢？

从上述几例报道中不难看出，当今社会的"拜官"、"媚官"现象正在有形无形中走进孩子们的内心世界并被其接受。既然当官可以享有如此诱人的权力，得到这么多的好处，何乐而不为呢？如此的"官"念，以及由此形成的行贿受贿苗头，不由得让我们担心这些孩子今后的发展。

中小学生"拜官"现象是当今社会权力至上风气的缩影，是成人世界扭曲的人生观、价值观在青少年身上的"早熟"，它的存在有其复杂的原因。对此，班主任需有清醒的认识。

首先，"拜官"现象的产生既有其社会、文化的土壤，也有历史的原因。自资本主义社会产业革命以来，伴随着工业规模的扩大，机构的组织管理逐渐显得日益重要。金融业、保险业、服务业等行业的兴起与发展，个体之间越来越多地连接成了科层等级体系，组织的科层化变得十分普遍，以致那种独立的管理行为已经不能适应行业发展的需要。但科层体制的膨胀也带来了组织、个人主体性的丧失，如韦伯指出的那样，科层制是"第一秩序的权力工具——用于控制科层机构"。在实际生活中，我们也经常看到现代科层制中的许多日常行为偏离了理想的遵循规则和规范的纪律性行为，可以说科层制的权威是无所不在的。而这种权威的体现和运用在某种程度上就是人们追逐官位、追求当官的根源。

其次，官僚体制权力获得与运用的失范，是"拜官"现象产生的直接诱因。哈贝马斯在构建"交往行为理论"过程中，就对官僚化作了深刻的批判。他指出，由于金钱和权力对经济活动和行政管理机构的渗透，官僚权力机构已逐渐自主化，并日益成为一个独立的工具化行为领域。人们对权力的无止境的贪欲、对权力的盲从，使得官僚权力机构不断地扩张，使得其对公共领域甚至人们的意识形态的干预变得无孔不入。无怪乎人们如此热衷于权力的拥有，原来它是一种可以帮助自己实现利益获取的手段！而我们所唏嘘叹惋的传统生活价值的丧失、道德水准的下降、人的物化等都可以从中找寻到答案。

还有，学校和班级在班干部任用上存在的问题也不容忽视。在班级干部的评选标准上，学校和班主任往往将注意力集中在那些学习成绩好的学生身上，以致一些缺乏"管理素质"的学生也"充栋"于学生干部之列，其结果只是班主任的牵线木偶或传声筒。更有甚者，目前在某些学校还流行着一种不好的做法：学生能否当上班干部，关键在于学生家长为学校做了多大的"贡献"，比如对学校有无经济资助，或者帮助学校和老师解决了什么困难等。于是，一些父母，为了让孩子当"官"，有权的打电话、递条子，"打招呼"；有钱的登门拜访；平民百姓则想方设法硬着头皮找老师"开后门"。如此的"趋官若鹜"的心态，怎能不让学生心态失衡？

有学者认为，解决中小学生"拜官"现象，可以从三个方面考虑：

第一，更新观念，体现"三主"。班干部是班级的骨干，是班主任搞好班级工作的得力助手。实践证明：一个班级管理的好坏，往往与班干部领导力量的强弱、发挥作用的大小有很大的关系，而这种力量的优势组合，并不全部源于学生成绩好坏和在同学中间的影响力。我们知道，班干部职位都是与具体的个人素质要求相联系的，比如体育委员，原则上就应该身体素质好、热爱身体锻炼、具有组织学生活动等能力。所以我们应该首先在观念上来一个更新，抛弃旧有的唯"绩"是"举"的选评标准，在学生干部评选与运作上体现"三主"性，即干部选择的民主性、工作开展的主动性和班级管理的主体性。让学生民主选择自己认可的班委成员，最大限度地调动起全班同学参与班级管理的热情，发挥主人翁精神，让整个班级"活"起来。

第二，有选择地运用适宜的班级干部制度。班级干部制度是对本班级的职位设计和干部配备的具体选择。不同的班级干部制度具有不同的优缺点，我们在实际操作中应该针对具体的班级特点和要求加以选择。管理的灵活性必然带来模式的多样性，许多教育工作者结合自身的实际探索出大量的很具"教育"意义的管理制度，比如临时干部制、指定组长制、竞争选举制、干部轮换制、值周班长制、班级顾问管理制等。对于这些制度，班主任可以因"班"制宜地运用。

第三，班主任的"导"、"督"角色的发挥。班主任是班级的教育者和组织者。尊重学生管理的主体性，并不意味着班主任将班级管理工作全权下放给班委会而放手不管。事实上，让学生参与班级管理，不仅在于学生日常自我管理的方面。班主任在班级管理中应该发挥应有的领导，而这种领导就体现在"导"字和"督"字上。所谓"导"，就是思想上的指导和管理行为上的引导。班干部是全班学生的意志和利益代表，因此，作为班主任，就应该在思想上让这些"民官"们知道：班干部是为全体同学服务的，自己作为同学们的利益代表，应抛弃干部等级观念，自觉抵制官本位意识。另外，由于中小学生的心智年龄还不怎么成熟，行为控制能力较差，而且他们的管理行为也具有一定的模仿色彩，缺乏自主性认识，有时难免会出现一些偏差管理行为，因此，作为班主任，就应该在放手让班干部处理问题的同时起到参谋的作用，参与到学生的班级活动策划中来，当好他们的顾问。"督"，就是监督，意即在班级管理中，班主任要加强对班干部的监督。诚如阿克顿所讲，"权力导致腐败，绝对权力导致绝对腐败"。由于中小学生在处理自身与外部关系的时候，多采取"自我中心"取向，失控的权力运用会导致官欲的膨胀，以此出现一些我们不愿看到的现象。班主任的"督"体现于通过班级规则对个体行为进行约束，通过营造健康的班风加强舆论引导。至于怎么监督，是采取没立学生班主任的做法或是老师自己监督，或其他的方法，具体依班级呈现出来的风格而定。

三、集体荣誉与德育工作

集体荣誉感是一种热爱集体、关心集体兴衰成败的道德情感。在班集体建设中，集体荣誉感主要表现为将自己的言行与班集体的荣誉、利益联系起来，努力完成班集体交给的任务，希望为班集体做出贡献。集体荣誉感的形成，会转化为一种巨大的集体教育力量，使班级中的每个学生表现出主人翁的责任感，心往一处想，劲往一处使，自觉自愿地为争取和维护集体荣誉而努力，从而使班集体更具凝聚力和竞争力。因此，每个班主任都非常重视集体荣誉感的培养。

然而，在班集体建设和班风建设过程中我们也不难发现，学生的集体荣誉感时常掺杂着狭隘的"本班主义"或"面子"心态，特别是在与其他班级竞争荣誉的时候，它常常会导致"只管结果，不择手段"，从而滋生出一些与道德及其教育相悖的现象；包括某些班主任，在自己班级的利益与其他班级发生矛盾冲突的时候，也时常会混淆"荣誉"与"面子"，甚至忘却自己的教师身份和德育责任。暗示或鼓动学生"以牙还牙"。由于这些现象都笼罩在"集体荣誉"的光环下，往往被班主任和学生所忽视，以致成为班级德育中容易"被遗忘的角落"。

如此"集体荣誉感"

学校运动会，一位女同学冒名顶替，在女子 1500 米比赛中获第一名，但由于被别班的同学告发，而使汗水付之东流。该女同学又气又累，哭了起来。本班男同学见状"义愤填膺"、怒不可遏，"勇敢"地去找那个"告密"的同学"算账"……

在投标枪比赛中，一位同学想把本班的小旗往远处拔一点，被其他同学发现，立即发生冲突……

两个班的学生因拿劳动工具产生矛盾，引发了打架事件。原因是：A 班班主任，当学生告诉他班上的铁锹不见了，可能被其他班学生拿走而无法打扫积雪，劳动进度大受影响时，"怒从心起"："别人拿你们的，你们为什么不能拿别人的？"学生心领神会，把别的班的工具占为已有。为此，两个班的学生发生争执，最后引发打架事件。

美国心理学家曾进行过一项有趣的试验：把两辆一模一样的汽车分别停放在两个不同的街区。其中一辆原封不动地停放在中产阶级社区；而另一辆则摘掉车牌，打开顶棚，停放在相对杂乱的贫民街区。结果。停放在中产街区的那一辆，过了一个星期还完好无损；而打开顶棚的那一辆，不到一天就被偷走了。于是，心理学家又把完好无损的那辆汽车敲碎一块玻璃，结果刚过了几小时，这辆汽车就不见了。

以这项试验为基础，美国政治学家威尔逊和犯罪学家凯林提出了"破窗理论"。他们认为，如果有人打坏了一栋建筑上的一块玻璃，又没有及时修复，别人就可能受到某种暗示性的纵容，去打碎更多的玻璃。久而久之，这些破窗户就给人造成一种无序的感觉。结果，在这种公众麻木不仁的氛围中，犯罪就会滋生、繁荣。

完好的东西，便没有人去破坏；而破坏了的东西，就会遭受更大的破坏。没有"窟窿"的时候，没有人去钻"窟窿"；而一旦有了个"小窟窿"，就会有一群人一起去把它变成"大窟窿"。任何一项大的破坏和犯罪，都是从"小奸小恶"开始。小洞不补，大洞吃苦，这已经成为屡试不爽的真理。"破窗"的出现，助长了人们的四种心理：第一种是"颓丧心理"——坏了的东西没人修，公家的东西没人管，很多人对社会的信任度就会随之而降低；第二种是"弃旧心理"，既然已破废，既然没人管，那就随它去吧；第三种是"从众心理"，律是大家的律，法是大家的法，别人能够拿，我就可以拿；第四种是"投机心理"，"投机"是人的"劣根性"之一，尤其是看到有机可乘或者投机者占到"便宜"的时候。

如果把学校比作为幢楼房，把每个师生比作为一扇窗子，那么每扇窗随时都有可能发生一些"小奸小恶"的"破窗"，如果其中的一扇窗子损坏后不能及时修理，极有可能引发连锁反应导致更多的"破窗"出现。特别是对于集体荣誉感中的德育"破窗"，更应该小题大做，以防微杜渐。

第三节 偶发事件与德育工作

所谓偶发事件，是指班级学生中发生的一些出人意料的突然性事件。它通常涉及违规违纪的问题或带有"过错"的特点，并对班级的既定活动和其他学生有所影响，需要班主任及时做出相应的处理。那么，从班主任德育角度来说，怎样正确处理学生引发的偶发事件及其"过错"呢？

一、偶发事件与德育心态

在学校和班级中，偶发事件是层出不穷的，从损坏公物、学生纠纷，到人身伤害、打架斗殴，种类繁多。即使是平常比较优秀的班级，偶发事件也在所难免。因此，面对偶发事件，班主任首先得调整好自己的心态。试想，由于自身弱点和外界影响等等主客观原因，成人和老师有时都会有过失，更何况未成年的学生？就身心发展特点来看，学生正处于人生中易犯错误的阶段。人之所以逐渐成熟、聪慧起来，就是因为人生过程中有这样或那样的问题和错误在不断地"磨砺"自己。从德育的角度看，学生在偶发事件中出现的问题、犯下的错误，对他本人和其他学生而言都是一种教育资源，是一种自我提高的契机。作为班主任，不能让学生迷失在错误中，而应将之转化为具有教育意义与发展价值的德育机会。所以，班主任在处理学生的偶发事件时，应始终保持一个原则：不要把目光消极地局限在解决"这件事"上，而是把目光积极地定位在学生本身的发展和进步上，将偶发事件视为有益的教育资源，并使其发挥出应有的德育效益。

打破花盆

我刚在黑板上写完了最后一道题目，就听到走廊里"轰隆"响了一下。又发生了什么事？

"这是他……是他把窗台上的花盆给打破了！"有几个孩子喊着。

奥塔尔惊惶失措地、面有愧色地站着，并为自己辩解说："我不是故意的……他碰撞了我一下，我就碰到了花盆！……"

"我根本没有碰撞过你！……是你自己！……"

现在奥塔尔站在一个被打破了的花盆的面前，花盆里的泥土撒了满地，盆栽的仙人掌像一个伤员一样躺在地板上。多么令人伤心的场面！只要我说一句带有责备意味的话，就足以使孩子们立即用恶言秽语去斥责自己的同学；只要我一露出讥讽的微笑，就足以使孩子们立即用嘲笑和挖苦把自己的同学羞辱得无地自容。但我不能这样做。我已经有好几次使他们从我的默然宽恕、关怀的态度中得到了经验教训，在未来的课间休息时间里，我也许还得许多次地处理类似的事情。

我俯身看着地板上的仙人掌，"难道弄清这是谁干的就那么重要？现在重要的是抢救我们的仙人掌！"

孩子们把地板上的花盆碎片和泥土收拾干净。

"请谁快把我们的小水桶拿来，我们可以暂时把仙人掌栽种在水桶里！明天再换一个瓦盆！"

我们把仙人掌栽种到水桶里。

"你们看，这个被折断的枝叶正在淌着液汁！……这白色带黏性的液体就是它的'血'……"

"我妈妈说，仙人掌是一种药用植物！"纳托对我们说。

"它被折断的枝叶不觉得痛吗？"

我说："你们想想看，如果它会说话的话，它将说些什么？"

"它会说：你们不可怜我吗？"

"它会说：干吗把我从窗台上摔下来？要谨慎些！"

"它还会生气地说：我再也不给你们治病了！"

"不，它不会说这种话！它是善良的植物！"

"它还会说：请你们明天带一个花盆来，把我栽种在花盆里！请你们好好地照料我，使我早日恢复健康！"

"我带一个盛有泥土的花盆来！"奥塔尔说。

"我也带一个！"

这时，上课铃响了起来。地板已被收拾得干干净净。仙人掌栽在水桶里了。

明天我们将把它移栽到新的花盆里——奥塔尔已经答应要带一个盛有泥土的花盆来。现在该是进教室去的时候了。

在学校里，类似的偶发事件屡见不鲜：有人打破了玻璃，有人损坏了别人的东西，有人碰撞了别人；而且，如果当时有二三个，甚至更多的学生在一起，他们马上就会把过失归之于别人，并且还要证明自己是无辜的。碰到这样的情形，有些班主任常常气不打一处来，声色俱厉地责问学生谁是肇事者，其后就给犯有过失的学生进行道德说教，最后予以处罚。

这样的处理方式可能产生两个问题。一是学生的"过错"并非有意为之，而是天性活泼好动使然，如果班主任不从他们的角度多替他们想一想，而只是以成人的标准一味地训斥，再外加"老师这样做都是为你好"之类的说理，结果可能是老师越训，学生越容易出错，老师的心情也随之越坏，造成恶性循环，甚至影响既定教学活动的正常进行。二是在很多场合，当事的学生们其实并不知道谁是真正的"肇事者"，但会为了证明自己是无辜的而随意指责别人，班主任如果偏听偏信，怪罪或处罚了一个并非真正的"肇事者"，不仅会使其受到精神上的伤害，还会使其滋生对老师和同学的敌意；而且，以后一旦真相大白，班主任在学生心目中的形象和威信会大打折扣。因此，碰到这种情况，班主任最好不去追究谁是"肇事者"，即使事情的原委清楚，也不要去追究犯有过错的学生，而是请他与其他当的同学一起共同恢复因偶发事件而一度混乱的班级秩序。这样，学生不仅体会到老师的关爱，而且会积极从中吸取教训。更为重要的是，以后再碰到类似的事情，他们会学着按这样的方式去处理。

二、偶发事件与德育智慧

德育智慧是智慧与德育的结合，也就是说，德育智慧是对德育的深刻理解、领悟以及正确的判断和预测。郭秀娟在《智慧的教师培育有智慧的学生》中说得更为简洁明了："育人的智慧实在没有什么奥妙可言，只要让学生乐意接受你的教育方式，并能改正错误就行了。"显然，德育智慧是教师在"以学生为本"的前提下，对学生心理的深入了解，对德育规律的科学把握，对德育环境的巧妙选择，对德育方法的灵活运用。

对于班主任处理偶发事件来说，德育智慧是一种处理意外突发事件的临场智慧，主要体现在能否迅速而准确地判断事件的性质，能否及时控制并调节自己的情绪，能否审时度势选择变通的处理方法，能否因势利导使偶发事件成为有益的教育资源。

遗 像

一位年轻的女教师愉快地走进自己的教室，发现黑板上画着一个头像，上边写着她的名字，在名字后面还加上"遗像"两个字。看来，暴风雨即将降临在这个教室了！

但是，这位女教师的表现却出乎学生们的意料。她面带笑容对着画像欣赏了一番，转脸环视全班，平静地说："画得很像我，字也写得不错，可是多写了一个字。"当她从学生表情上认定画像是杨帆的"杰作"之后，点名提问了他。扬帆回答："多了一个'遗'字"。"为什么？"教师追问。"因为老师没有死，所以不是遗像。""回答得很好！"教师微笑着点头赞许，并请他把画像擦掉，然后宣布上课。事情就这样不动声色地结束了。从此女教师不再提这件事。

不久，女教师接到了杨帆向老师承认错误的信。

"我错了"

一天，小静同学跑到刘老师跟前突然哭了起来。原来她放在衣袋里的20元钱不翼而飞了。于是刘老师把全班同学集合起来。问："有谁看到或拾到小静的钱?" 大家都说没有。刘老师只好对大家说："如果谁拾到的话，请立即把钱归还给小静同学。"可大家还是异口同声地说："没有看到。"这时刘老师又换一种口气说："如果有人拾到了，现在不好意思当着大家的面拿出来，回家好好想想，明天早上悄悄地送到我这里也不迟。"

第二天早上还是没有人送来。这天的班队课，刘老师精心安排了一个小品，小品描述的就是这件事。小品表演完了，刘老师和大家一起围绕问题进行了讨论：(1) 假如这些钱是我丢的，我会怎么样? (2) 如果谁拿了或拾到了，不归还给失主，有没有想过丢失者的心情? (3) 如果知道犯下错误，应该怎么办?

大家你一言我一语，各抒己见，讨论很热烈。

讨论过后，刘老师发给每人一张小纸条，事先讲清：写的时候不能去看别人的，交上来的纸条老师绝对保密。如果你没拿别人的钱，就在纸上写"我没拿"三个字及自己的名字，如果你认识自己错了便写上"我错了"。果真一个同学在纸条上写着"我错了"三个字。后来，他又向刘老师讲了事情的经过，把钱如数让老师转还给了小静同学。老师也信守承诺，没有张扬此事。

学生犯了错误后，通常都比较害怕、后悔，希望得到老师的谅解。因此，对犯错误学生的处理是否得当，是偶发事件中班主任德育工作成败的关键。在上述案例中，如果老师当即就在全班追查"谁干的"，那么犯错的学生自然会产生"在全班同学面前丢面子"的危机感，进而形成心理防御和心理抗拒，绝不会主动承认错误。如果班主任再将事件与"不道德"联系起来，上纲上线，足以击碎其脆弱的心灵，使其背负终身。而上述两位老师的处理方法，采用了学生乐于接受的方式，很有智慧，自然也就取得了期望的效果。

就拿第二个案例来说。班主任先用"查问"的方式进行处理，把"当事人"置于一种被审讯、被质问的地位。学生自然因怕挨批评、丢面子而不敢主动认错。其后，他将事件的处理穿插在班队活动中，先演小品，再开展讨论，最后以小纸条的方式进行教育。这后一种方法立即产生了效果。因为小品和讨论的教育形式，让学生站在了"主人"的位置，设身处地去思考、去体验，并用对话的方式产生思想上的沟通和情感上的共鸣。这样，那个犯错的学生，情感会受到触动，思想上会有所觉悟。尤其老师保证替他保密，为其转变创造了宽松的外部条件，消除了他原有的防御心态，不再害怕将自己的"秘密"写给老师看、说给老师听。所以，他的承认错误自然是呼之欲出、水到渠成了。

有这样一则故事：商容是殷商时期一位很有学问的人。商容生命垂危的时候，老子来到他的床前问候说："老师，您还有什么要教诲弟子的吗？"商容张开嘴让老子看："你看我的舌头还在吗？"老子大惑不解："当然还在。"商容又问："那么，我的牙齿还在吗？"老子说："全部落光了。"老子目不转睛地注视着老师，突然领悟："我想这是过刚的易衰，而柔和的却能长存吧？"商容笑了笑，对这个杰出的学生说："天下的许多道理几乎在其中了。"

班主任德育工作也可以从这个故事中得到相应的启发。精美圆润的鹅卵石的诞生，不是锤子的猛敲重击，而是流水的轻歌曼舞；学生的道德成长，靠的不是老师的钢牙铁嘴的强力，而是柔和似水的智慧。

三、偶发事件与德育反思

偶发事件的产生，虽然在意料之外，但也大多存情理之中。如，学生之间因琐事而产生的冲突甚至斗殴，多半是以往积怨的爆发；学生与老师在课堂上出现的纠纷，多半是以往隐藏的师生矛盾的公开化；学生的损害公物或小偷小摸，多半是品德发展中的问题的行为显现；学生离家出走多半是长期家庭矛盾导致的恶果。

因此，有心的班主任在面对偶发事件时。常常会有意识地进行反思：为什么会这样，为什么我没有预料到？它反映了什么问题？它背后还隐藏着什么德育规律？从中寻找自己工作中的得与失，及时发现问题和努力方向，进而据以改变工作策略，调整德育行为，不断超越自我，使班集体建设趋于最优化。

第一次坐在前排

"丁零——丁零——丁零——"学生们踩着铃声陆续走进教室。

"我的桌子放反了，"李力叫道。

"我的桌子怎么也摆反了？"王进一脸问号地看着我。

"我怎么放书包呀？"平时不大爱说话的张琴也出了声。

此时，教室里像炸开了锅一样，学生们七嘴八舌地讨论着桌子反向的问题。原来，我们的教室将要在明天成为考场，桌椅必须全部反向摆放。为了放学后布置考场方便，我和几个学生在打扫卫生时就把桌椅掉了个儿。

现在怎么办呢？我灵机一动"将错就错"吧。我要求学生回到各自的座位，面向教室后的黑板就座。这下原先的最后一排现在变成了"第一排"，我也走下讲台，来到后面的黑板前，开始了我的语文课。

这节课上得出奇顺利，学生们听得认真，发言踊跃，前几排（原先的后几排）的学生尤为投入。下课后，我走到这节课坐在第一排的一个上课时常做小动作的学生面前，拍了拍他的肩膀，说："这节课你表现得很出色，还要加油啊！"这个学生一听，腼腆地笑了："老师，这可是我第一次坐在前面上课！"听了他的话，我愣住了，一句话也说不出来。

这个学生的话给了我很大的触动，我开始留意学生们对座次的感受。坐在前几排和中间的学生，因为老师的目光经常注视着他们，提问时也常在他们身边，因而感到老师对自己的关注，因此他们上课较认真，能积极发言，对学习有信心。与之相反，坐在后几排的学生因为老师的目光很少能扫视到他们，再加上老师质疑解答时总是被前面的学生包围着，很少走到后面，所以认为老师不重视他们，因而也就放松了自己，不认真听课，做小动作。时间长了。成绩上不来，对学习也就缺乏信心了。有个坐在后面的学生甚至戏称"老师往后排走就意味着有人要挨批了"。看来，我们已经在有意无意中伤了这些坐在后后排的，尤其是因成绩差而被排在后面的学生的心。

主观上讲，没有一个老师愿意"丢掉"一个学生，可客观上，诸如学生人数、教学环境、传统教育理念等众多因素却使我们在教育教学中忽视了某些东西。中小学生渴求得到老师的赞许和认可，需要从老师那里获得情感上的满足。老师即使只是关注地一瞥，微微地点一点头或轻轻地爱抚，这些细微动作都会使学生们感到快乐，认为那是一种"师爱"情感的流露，是一种安慰和鼓励，并将引发学生的学习动机，激发学生的积极性。如此看来，是我们忽视了那些座次靠后的学生的情感需求。他们的要求并不高，只是不愿受到冷落而已。

其实，工作中我们有意无意间冷落的又何止这些学生呢？曾有这样一件事，有一个班级的中等生对差生说："我真羡慕你！虽然你的表现不好，起码得到了老师不少关注。"这句话道出了多少学生的心声！他们既不能因"成绩差"受老师关注，也不会因"表现差"被老师批评。其实，他们更需要老师的关注。让我们给那些"被遗忘的角落"更多的关注：上课时，把目光多投向这些角落一点儿，把学生拉回到课堂教学的轨道上来；质疑解答时，主动走向这些角落，给学生以鼓励；下课时，融入这些角落，倾听学生的心声。

能经常这样自觉进行教育反思的班主任，自然能始终保持一种敬业、开放、发展的心态，并能在不断的思考与了探索中提升自己的实践能力和理论素养。

第五章

建立德育评价体系

第一节 德育评价及其功能

德育评价是评价者依据一定的评价标准，对德育活动及其效果作出的价值判断过程。学校德育评价包括对学校德育工作的评价和对学生品德的评价两个方面。

在学校教育中，传统的德育评价是一种片面的、不很完备的主观性的结果评定，仅仅用于社会活动中的鉴定、识别，选拔，属于终结性评价的范畴。评定结果一旦得出，调整和修正既不必要也不可能。

但是，今天的德育评价已经大不相同。在现代德育中，人们把个体品德看作是人自身实践的结果，也是人自身不断调整、不断修正的过程，因此，比较重视运用科学方法对德育工作过程及其效果进行评价，目的在于更好地了解德育过程，改进德育工作，并为促进个体的品德发展提供某种依据。尽管如此，德育评价在教育实践中依然是一道难题。德育评价要做到客观、公正，体现出个体品德形成与发展的动态性、人文性特征，需要进行更加深入、细致的探索，特别是在借用数理方法、科学方法的同时，需要更加充分地研究品德的内在结构，研究人的内外活动的机制，研究德育影响、各种社会影响与个体内在活动之间的复杂关系，等等。

在教育实践中，德育评价不仅有助于了解德育活动及其效果的现状，更有利于进一步改进和加强德育工作，有利于学习者在教育者引导下进行自我反省、自我调节。德育评价的功能可以概括为评定、诊断、预测等几个方面。

（一）评定功能

通过各种测量手段收集各种德育信息，对照有关标准，对德育活动及其结果进行评价，可以确定德育活动及其结果水平的高低。这种评价的标准来自两个侧面：一方面是以外在的客观标准为准绳，它可以是一定的社会准则、规范，也可以是一定时期所确立的德育活动及其绩效标准，如：德育课程标准、日常行为规范、职业道德规范等；另一方面则是存在于被测群体之间的相对标准或者被测者个体在历时性上的某些变化，它们在学生品德评价中比较普遍使用。

德育评价的评定功能，在实际中可以表现出几种正向作用：一是描述作用，即对德育活动及其结果的描述，说明某个时段内德育活动的状态；二是教育作用，特别是对个体品德发展状况的对比描述，以及在描述基础上进行的价值判断，能够使学习者相对客观、公正地认识自己，教育自己；三是导向作用，对德育活动及其结果进行的评价或作出的价值判断，评价标准本身具有导向性质，能够使教育者有意识地依据标准去调整自己的工作方向与工作重心，也能够使学习者能够根据评价状态及标准调整自己的努力方向，及时纠正或进一步强化自己的品行。

（二）诊断功能

德育评价是基于德育测量基础之上的、对德育活动及其结果的诸种因素的综合考察，因此，其评价结果能够说明效果优劣、水平高低，并分析出优劣、高低的原因，即可以作出一定程度的诊断。

德育评价的诊断功能发挥得当，能够起到这样几种作用：一是咨询作用，即根据评价结果，了解有关德育活动及其结果的状态，分析成败的原因，由此而获得掌握改进德育活动的必要信息；二是决策参谋作用，尤其是为德育方案、计划的制订和具体措施的选择提供基本依据；三是警示、预告作用，即提示教育者需要密切关注什么、学习者下一步的选择应当侧重什么等。

（三）预测功能

预测功能主要体现在对学生个体的品德评价方面。由于一个人的日常行为倾向在相当长的时间内具有较高程度的一致性，所以，对学习者个体的品性特征和行为倾向的描述，在一定程度上可以预测其品德形成与社会性发展方面可能的发展趋向，尤其是在对学习者随后的生长和发展环境能够予以了解或进行预测的情况下，学生品德评价的这种预测功能就可能更加显著一些。

（四）反馈与调控功能

无论何种形式的德育评价，其结果一旦及时告知德育主体，并引起了德育主体的关注，便是评价信息反馈回路的接通。评定、诊断功能的发挥，都有赖于反馈回路的接通，否则，便很难体现德育评价作为德育过程环节的重要意义。

德育评价反馈主要是为了改进德育过程，促进学生的品德发展。

德育主体可以依据德育评价的结果来对德育方案、计划、措施作出调整，而学生也可以在教育者指导下对个人的品德发展方向作出调整和改进，这些方面反映的都是德育评价的调控功能。不过，除了用于选拔的评价以外，并非所有的德育评价结果都要直接反馈给教育主体。

何种评价结果以何种方式反馈给何种主体（学校领导、教师、学生或家长等），必须充分考虑德育活动的性质、内容，考虑学习者个体或群体的品德发展水平和品性、品行特点。因此，对学习者个体的品德评价结果的反馈尤须慎重。

（五）强化与传导功能

一旦反馈到位，无论教育主体是否自觉，评价结果都可以通过其价值判断而强化某些做法、某些行为，包括积极的强化（包括对具有积极正面效果的教育方案、策略的强化和对学生良好品行的强化等）和消极的强化（包括对具有消极负面效果的教育方案、策略的改进或放弃和对不良品行的弱化等）。通过德育网络，学校、家庭社会以及个体与群体之间都能够获得对德育活动及其结果的某个侧面的了解、认识，评价结果由此成为他们之间彼此密切联系、共同探讨的传导中介。即使是德育网络不健全，教育主体之间的沟通渠道不畅通，由德育评价所获取的信息也可能客观地促进他们快速反应、及时沟通。

二、学校德育评价的主要内容

德育评价内容就是对德育评价对象的具体分析。由于研究者的研究视角不同，所以对于德育评价内容的概括方式也不尽相同。这里，从有利于指导德育实践出发，我们将从学校管理的角度来叙述学校德育评价的对象和内容。为此，我们把学校德育评价的对象分为三个基本侧面，各个侧面又有着各自不同的评价内容。

（一）对学校德育整体工作的评价

其评价内容包括：学校德育实施方案，学校德育管理过程，师资队伍，校园建设，教育教学资源与设备，校风校纪，校外联系情况，德育基地建设等。其评价主体主要是教育行政主管部门或相关的决策、咨询部门，也可以是学校自身。

（二）对学校德育实施过程的评价

其评价内容包括：德育课程设置与教学，课外活动的组织，规章制度的建立与执行，学生管理常规的落实，班风、班纪、班级舆论，教师育人职责的履行，师德修养，德育环境状况等。其评价主体主要是学校主管领导和部门，也可以是上级有关主管部门，还可以是学校全体教师和学生（或学生代表）。

（三）对学生品德的评价

其主要内容包括：品德发展状况，知、情、行的发展水平，日常表现等。评价主体主要是教师和学生，还包括家长和其他校外教育工作者。除了他人评价之外，还包括学生在教师指导下的自我评价。

以上区分仅仅是按照不同的评价对象而对德育评价内容作出的简单归纳。在德育评价实践中，评价内容远非如此简单，它需要根据评价目的、评价范围和评价者自身的素质等来选择。可以说，一切与学校德育有关的因素，教育环境中一切能够直接或间接影响学生品德发展的因素及各自构成的具体层次、具体侧面，学生的在态度－情感－价值观和品行诸方面的一切表现，都可以作为德育评价的内容。

第二节 德育评价的程序

学校德育评价是一个完整的连续过程，包括评价目的的确定、评价指标体系的设计、评价的组织与实施、评价结果分析等环节。就学校德育评价的某个层次、某个侧面来说，每个评价项目、每次评价活动又是一次相对独立的活动。由于评价离不开测量这一基本手段，所以，下面将把学校德育测量与评价（简称学校德育测评）二者结合起来加以阐述。

一、确定学校德育评价目的

拟定、设计一次测评方案之前，首先必须明确本次测评活动的目的，只有这样，才能体现德育测评的意义和特点，才能使测评顺利展开，并按预定的目标去设计、实施测评方案。确定测评目的之后，便应相应地推演出本次测评的功用。德育测评的功用，主要通过具体的测评对象、内容以及测评类型、方法等得以体现，如：过程测评或结果测评，总体测评或部分测评，团体测评或个体测评，诊断性测评、形成性测评或终结性测评，定性测评或定量测评等。

二、设计学校德育评价指标体系

指标是目标的具体化、操作化，它具有一致性（与目标及子目标的一致）、可测性（具体化、操作化）、独立性（指标之间相对独立）、完备性（指标体系必须尽可能反映测评目标，反映品德生成的诸种环境）和可比性、可行性等特点。指标体系的确立，必须符合德育过程及其结果的性质，并参照相关的研究成果，同时还要考虑社会价值观、学生的特点、学生的年龄特征、学生的发展需要和水平等因素。学校德育测评指标体系的设计大致包括以下几项内容。

（一）选择设计类型

指标设计类型一般分为总体设计、局部设计、单项设计。总体设计用于对德育工作、德育效果、学生品德总体状况的测评，它是从整体结构到指标层级、网络的全面设计，具有诊断性测评和终结性测评的特点，适用于教育行政主管部门、咨询参谋部门对学校德育以及学校自身的全面考核与评定；局部设计是对德育结果或学生品德结构中的某个侧面进行测评设计，如：对德育课程的教学效果的测评、对学校德育环境的测评、对学生品德的测评等的设计；单项设计是对德育工作的结果或学生品德的某个指标的单个项目的设计，如：对学校德育物质环境优化的测评设计，对学生道德认知水平的测评设计、对学生劳动观的测评设计等，前者为一般设计，后二者为特殊设计。作为特殊设计，通常需要根据具体的测评目的而确定指标体系。

（二）测评指标设计方法

1. 头脑风暴法

通过组织开会，让有关专家、学者和有经验的教育工作者自由陈述己见的方法。如：对某一年龄阶段学生的人际交往与合作品质的陈述等。在对这些自由陈述予以综合归类之后，进行统计处理，由此初步确定德育测评的指标体系。

一般来说，采用"头脑风暴法"要注意：（1）邀请参加会议的专家人数不能太多，最好在 10 人以内；（2）主持会议的人不能轻易发表意见，而是想方设法让专家们畅所欲言；（3）要诚恳地对待专家意见，并且不要忽略不同意见，特别是与设计者相反的意见。

2. 问卷调查法

设计者将需要设计的指标和指标体系，以问题的形式编成表格，邮寄或分发给有关人员填写，以此搜集信息的一种方法。问卷调查法的表格分为开放型（自由作答）和封闭型（限定作答）。问卷回收后，再对问卷进行统计归类和分析。

3. 榜样研究法（或典型设计法）

即根据少数典型对象的工作特征或品德表现、特征进行系统研究，由此来确定测评指标体系的方法。在榜样研究中，首先要确定研究项目的目的，其次要选择最具代表性的典型，再次是选择适当的研究方法，最后是对研究结果进行归纳总结，形成设计方案。

4. 目标分解法

通过对德育目标或管理目标、德育工作目标、德育课程标准等进行研究，将各个目标进行分解。它一般用于总体设计或局部设计。

5. 多元统计法

通过因子分析、聚类分析等方法，从较多数量的初拟指标中找出关键性的指标体系。适用于大样本和计算机软件处理。

（三）测评指标设计程序

在德育测评指标体系的具体设计过程中，可以大体按照以下几个步骤进行。

1. 测评对象分析

即对学校德育工作和学生品德的结构做具体分析。如：从德育管理的角度，区分为领导体制、人员配置、师资状况、课程设置与安排等；从德育效果的角度，区分为道德品质（个人道德、家庭道德、社会道德等）、思想品质（人生观、价值观、世界观等）、公民品质（社会公共意识、法律意识、爱国精神等），这些侧面还可以分别从知、情、行几个维度甚至是更小的维度上来加以细分；从德育环境的角度，区分为学校物质环境（校容校貌、教育设施等）、学校制度环境（学校规章、行为规范、班级公约等）、学校精神环境（教风、学风、领导作风、人际关系等）等。

2. 指标体系的确定和编排

如何确定和编排德育测评指标体系，做到既科学严密，又简单易行，是一个难题。就学生品德测评而言，国内学者根据品德发展的"三维结构说"，把学生品德测评指标体系确定为三类结构模块：第一种是根据品德是心理内容、心理形式和心理能力三者的有机结合，设置道德品质模块、政治思想模块、个性心理模块和能力模块；第二种是根据品德是知、情、意、行的有机结合，设置道德认识模块、道德情感模块、道德意志模块和道德行为模块；第三种是根据品德的社会化特点，设置道德规范模块、社会规范模块、国家利益模块和政治观点模块。

此外，在指标体系的编制形式上，可以采用直进式或混合螺旋式。为了确保其科学性和可行性，在初步根据"结构模块"确定出测评指标体系后，仍须通过专家咨询，并进行指标体系的预测。

（四）测评标准的编制

测评标准即测评时衡量每项具体指标表现程度的标准，包括确定测评等级和编制测评标准两方面。

1 确定测评等级

确定测评等级主要应考虑两点：一是根据实际需要确定测评等级，分级太少则分辨力差，太多则增加测评难度和结果分析的困难。

一般来说，用于学生品德测评的等级宜在 3 ~ 7 级之间，用于学校德育工作测评的等级则视具体内容而定，原则上比品德测评等级要少一些。二是测评等级比较少的时候，最好采用五级制测评，如：最好、较好、一般、较差、最差五个等级等。这些主要依据测量、测评所使用的量表类型来确定。

选择测评标记格式应简单易行，在选择项上划"√"或将选项填入括号等均可。

2. 编制测评标准

为了使德育测评能在等效操作下进行，减少随机的、人为的误差，在确定测评指标体系和测评等级之后，还需制定一套与评定等级相匹配的等级参照标准评语。测评标准的形式很多，如：分段式标准、评语式标准、量表式标准、对比式标准、行为式标准、目标管理式标准、情景模拟式标准等。这里仅介绍品德测评中常用的等级评语式标准。

所谓等级评语式测评标准，就是用文字评述每个指标的不同等级，按指标项目的不同测评等级来编制测评语。这是学生品德测评中运用较广、形式较多的一种标准。大体可归纳为积分评语标准和期望评语标准。积分评语标准就是将指标分为若干测评标准，给每个测评标准分派独立的分数，各个测评标准得分相加即为该指标的测评得分；期望评语标准就是根据德育目标、德育课程标准，把测评指标分为若干等级，针对每等级制订相应的评语。这种标准通常分为 3～5 个等级。

（五）测评指标的综合与简化

学校德育测评的指标设计能否全面反映测评对象，能否以尽量少的要素反映尽可能多的信息，即是测评指标的综合与简化问题。它主要有两种方法：经验估计法和科学统计法。经验估计法主要是有关专家凭借自己的教育经验或以往的研究体会，从众多指标中选择起主要作用的指标的方法；科学统计法是一种将定性与定量相结合的方法，它能弥补经验估计的缺陷。

三、组织与实施学校德育评价

学校德育测评的组织与实施是以测评时间、测评空间和测评人员的分类为基础的，包括测评时间与时机的选择、测评空间的组织和测评人员的选用等。

（一）测评的时间与时机选择

学校德育测评的目的不同，测评所选择的时间也不同。与诊断性测评、形成性测评和终结性测评分别对应，学校德育测评的时间类型可分为预测式（活动之前）、日常式（活动之中）和阶段式（活动之后，通常以一学期或一学年为单位）。

测评时机的选择可以根据测评内容和测评目的而定。对校园风气、纪律的考察，可以通过每周的日常校园活动来观察、记录；对涉及态度、价值和行为倾向的内容，可根据师生工作、学习安排，选择他们可以平静、客观、公平作答的时机。

（二）测评空间的组织

测评空间的组织是指如何选择测评角度的方法。对于不同的测评目的和测评对象，应当选择不同的测评角度。测评空间的组织包括单相法和立体法。单相法是从多种测评角度中选择一个角度进行测评的方法，如：主管领导测评、同行测评、学生测评、教师自我测评等，可以分别用来测评教师"育人"的工作业绩；立体法是从多种角度，同时或顺次测评德育工作或结果，如：真正尽可能客观测评一位教师的"育人"工作的业绩，应该是将主管领导测评、同行测评、学生测评、教师自我测评有机结合起来。

（三）组织实施的一般步骤

通常地，德育测评的组织实施包括准备阶段、实施阶段、汇总阶段和反馈阶段。准备阶段包括选择实施体制（即由谁负责实施）、组织实施力量（参与测评的人员的选用）和进行施测动员；实施阶段是整个测评工作的主体部分和中心环节，这个阶段要特别注意施测环境的控制和施测时间、步骤的规定以及施测者、受测者心态、思想的变化，以确保测评工作顺利进行；汇总阶段主要是对测评信息进行统计汇总，最后整理出统计结果，即：将测评结果向被测评者或学校德育工作领导小组、班主任等反馈，在反馈过程中，需要说明测评的有限意义，强调适当的保密性和信息使用的适切性，反馈形式可以是口头形式或书面形式。

四、学校德育评价的结果分析

组织实施以后，对测评结果对照某种（或某类）标准进行解释和分析，是学校德育测评的最后一个阶段，是德育测评的意义所在。学校德育测量的结果通过必要的综合处理后，可以根据测评目的，参照相应的测评标准（依量表的性质、类型而定）进行结果解释。这种解释可以是描述等第、位次的，也可以是原因分析、问题诊断式的，还可以是预测式的。测评结果的分析与解释，可以用评语式、图示式、表册式等方式来表示。

第三节　学校德育工作评价

一、学校德育工作评价的基本任务

德育工作评价包括工作过程评价和工作效果评价，是德育评价的重要部分。将德育工作过程及其活动效果结合起来，构成统一的学校德育工作评价的指标体系，由此可以判断学校德育工作的绩效。

从完整的德育过程看，德育工作评价贯穿于整个过程之中。为了使德育工作落到实处，需要通过评价其整体决策和工作方案来实施德育方案的可行性评价；在组织、实施过程中，为了使组织工作具有针对性，使活动落到实处，取得实效，必须对每个侧面的实施问题或情况进行诊断，以求尽可能避免走弯路；在具体操作过程中，必须对构成德育工作的各个要素进行评价，对他们的活动状态及产生的影响进行评价，以便为实施过程的调节、控制提供信息依据，有针对性地改进德育工作。此外，为了最终实现教育目标，还必须对一次相对完整的活动进行效果评价，一方面为最终结果的评价提供信息，另一方面也是对业已完成的各项工作的评判。和学生品德形成与发展状态这一最终教育结果相比，对德育工作的评价更重视可行性评价、诊断性评价和形成性评价。

鉴于此，我们可以把学校德育工作评价的任务归纳为这样几个方面：（1）对德育工作决策和实施方案作出可行与否的判断；（2）对德育工作过程的各要素及整体构成作出价值判断；（3）对德育工作的各环节、各阶段及各类工作人员的工作绩效作出评判；（4）为德育工作实施的主体及各部分提供修正、调节、提高的信息，有利于工作机制的正常、有效地运行；（5）为学生品德评价在教育环境的分析上提供重要的评价依据。

二、学校德育实施方案的可行性评价

德育实施方案或计划是在学校德育的整体规划下以德育课程标准为指导的工作设想和实施计划，其中包括了整个学校环境中实施德育的人力、物力、财力、时间、空间、信息的运用与组合。方案或计划是否可行，需要学校组织有关力量（专家、教师以及有一定经验的教育工作人员等）进行评价。可行与否，包含两层基本意思：一是方案或计划如果付诸实施，能否达到德育工作的目的，收到工作效果；二是方案或计划是否在组织管理等要素方面考虑周详，是否超出了学校实际情况。对于不可行的方案，评价还应提出调整、修改建议。学校德育实施方案评价的基本步骤是：

第一，组织评价力量。聘请专家或专家组予以评价，或者组织由受聘专家、学校有关领导和主管部门领导、教师代表等组成的评价小组。由于方案评价事关全局，因此，必须认真、审慎地予以对待。评价力量的构成必须具有充分的代表性，评价小组成员必须有丰富的教育教学工作经验和一定的德育工作经验，必须有一定的理论水平和教研能力。一般来说，组织评价力量是学校管理者的主要职责。但如果是涉及地区性的整体管理与规划时，评价力量的组织则应当由有关行政主管部门或执行部门进行。

第二，确定方案评价的目标及检测要素。方案评价是出于何种考虑，是何种层面的评价，方案能否体现德育工作目标，体现的是方案的效率问题；而方案能否可行，是否具备实施的可能条件，即符合学校内外教育环境与否，体现的是方案的信度问题。当然，实际中二者往往是合为一体的，目的在于检测方案的可行与否以及可行程度。针对方案评价的两个层面，检测要素便可大致集中在方案的指导思想、构架、指标体系以及方案中的人力、物力、财力、时间、空间、信息的安排与配置诸方面。对于方案体现出的各种配置资源，一定要结合学校整体工作方案或计划来进行考虑。

第三，收集有关信息并加以对照分析。针对各项检测要素，充分收集学校中的有关信息，包括德育课程计划、课程标准、课程结构以及学校整体规划和工作计划、学校各项资源的现状及配置、使用状况，还包括同级同类学校的类似方案或计划以及其他相应的教育文件等。信息收集后，便需对整个方案或计划进行对照和分析。

第四，对论证方案的可行性进行科学评判。在分析基础上、对德育方案的可行性由分析到综合地进行论证，作出可行与否的评判。还可以在两个预先准备好的方案之中作出选择，也可以对被评判的方案提出修正、完善的建议，还可以初步勾勒出一个在分析、论证基础上确立的新方案。

三、学校德育实施过程评价

学校德育实施过程的评价依评价对象、评价目标、评价主体的不同而不尽相同。除了学校德育实施过程（包括德育管理、德育队伍、德育课程、德育方法、德育环境等）的整体评价之外，更主要是对学校德育实施过程各要素的评价。

德育实施过程诸要素，是指构成德育实施过程整体的诸要素及各自的具体内容。要素评价视评价目标和评价对象范围而定，可以是某一目标或内容方面的，也可以是某几个目标或内容方面的。这里仅陈述小学德育中几项基本工作内容的评价问题。

（一）班主任工作评价

主要考查他们是否切实履行了工作职责，包括深入了解本班学生的各种情况和表现，培养积极分子，组成班集体核心，班集体建设水平，贯彻学生守则，提出班级工作计划和按时召开主题班会，协调教师群体的工作影响，指导班队活动，与家长保持联系，协调校内外教育力量，对学生做出准确的操行评定等。

（二）德育课程的教学评价

德育课程的教学评价主要是结合儿童品德发展需要、水平和特点，对德育课程的实施及其效果进行的评价，包括对教学工作的评价和对学生道德学习状况的日常评价，其最终落脚点还是对学生的品德评价方面。

德育课程的教学工作评价，主要包括教学设计评价和教学进程评价两个方面。评价主体可以是校外专家或同行、本校同事、学生、学生家长，也可以是任课教师自己。不同评价主体的侧重点可能会有所不同，但核心应当集中在学生的道德学习上。

1. 教学设计评价

教学设计评价是一种"前置性教学评价"活动，涉及德育课程的整体设计评价、单元教学设计评价和课时教学设计评价。在教育实践中，课时教学设计评价最为常见，主要用于学区内或校内的教学设计评比与交流。教学设计评价旨在对教师的教学理念及其体现程度、方式进行评价，评价内容包括：教师对学生的了解、对教学目标和内容的领悟与把握、具体的设计思路、教学资源的挖掘和利用、教学策略的选择与运用、教学媒体的使用等方面。

从设计者的角度看，教学设计评价的形式主要包括口头表达（即"说课"）、书面表达和信息化表达（即运用各种多媒体手段进行呈现、展示）等几种形式。其中，书面表达方式的内容尤为丰富，它由三个基本部分组成：教学前置分析（对教育对象、教学目标、教学内容的分析，以及与之相对应的教学策略、教学媒体的选择等）、教学进程设想（即如何展开教学的问题，包括教学内容的分解与安排、教学程序、教学组织方式等）和教学流程图。与知识领域的教学设计评价不同，对于小学德育课程的教学设计评价应当更加突出情感激发、态度形成和行为指导等方面。

2. 教学进程评价

教学进程评价直接表现为听课、观课，旨在深化教学改革、提高教学效果以及促进教师专业发展。教学进程评价的具体工作内容及实施环节包括：确定评价目的（由此决定评价类型）、设计评价标准、准备评价材料、听课或课堂观摩、讨论与交流、形成评价意见、总结与反思。

由于传统的课堂教学评价存在着"追求滴水不漏的教学"、"评价要素简单相加"、"以对教的评价等同于对教学的评价"诸种弊端，所以，小学德育课程的教学进程评价的重心应该是：学生作为道德主体的学习过程，以及教学主体双方、学生之间的交往与互动过程。在评价实施过程中，除了遵循小学课堂教学评价的一般要求之外，尤其需要注意道德教学能否体现以及在多大程度上体现出如下特征：

第一，真诚性。道德教学进程中体现出来的言语或行为，应当是师生双方发自内心的反映，而不是空话、套话或者机械式的动作反应。

第二，真实性。师生双方所表达、展示的，应当与道德的真实存在相符合，与社会生活相符台，尤其是与小学生真实的社会生活相符合，而不是远离生活乃至背离生活的道德说教。

第三，认知性。即道德教学应当能够激发小学生对道德情境、道德问题的思考，能够指导、帮助他们对社会生活中的一些现象、问题进行道德判断并尝试着进行自主选择，对自己的态度、思想和行为进行反思。

第四，情感性。道德教学应当能够触动师生双方的情感，能够触及教学参与者的心灵，扣动他们的心弦，能够让他们的喜怒哀乐发自内心、溢于言表。

第五，人性化。教学素材的选择、呈现要符合基本的人性，并体现人性化的追求。学习者透过教师的教学，能够"倾听到"来自主人翁（包括学习者自身）内心深处的真实声音，感受到他们的生命节律和快乐苦楚。

第六，情境性。由于道德是个体或群体的思想、言行在一定时空状态下面对生活所作出的价值判断和行为抉择，也是一定文化背景下的生活方式、社会心理和行为习惯的个体化、个性化反映，所以，道德教学应当尽可能注重具体的情境，使教学内容的展开尽可能切合小学生的心理特征、道德发展水平和道德学习环境。

此外，道德教学能否让小学生的学习变得生动、有趣，能否形成良好的教学氛围，也是评价中需要注意的。不过，在这方面要切忌"媒

Banzhurengongzuoyudeyu

体霸权"、"活动至上"。

由此可见，相对于其他学科课程的评价而言，德育课程的教学进程评价对于评价主体的专业素质、品德素养具有更高、更新的要求。

（三）学生的道德学习状况评价

至于对学生道德学习状况的日常评价，主要由教师在课堂内外的教学过程中付诸实施。在实践中，这种评价可以把教师的评价和学生自评、学生互评结合起来。常用的评价方式、策略主要有：

（1）观察。教师观察并记录儿童在活动中的各种表现，以此对儿童进行综合评价。（2）访谈。教师通过开展与儿童各种形式的谈话，获得有关儿童发展的信息，并了解儿童思想观念的变化。（3）描述性评语。教师在与学生进行充分交流的基础上，对学生在一段时间内学习本课程的学习态度、表现等以描述性的语言写成评语。（4）问卷调查。教师设计问卷和组织儿童回答问卷，获得有关儿童发展的信息。（5）作品分析。将学生调查、访问、收集资料等活动产生的作品进行展示和交流，师生共同进行评析。通过对儿童各种作品、活动成果的分析，了解儿童的活动过程和发展状况。（6）个案分析。教师针对某一学生学习的特殊状况进行跟踪评价，它有助于教师因材施教和个别化教学。

第四节　德育网络作用与构建

　　德育需要学校、家庭、社会多种教育力量的内外整合。在实施层面上，往往以"养育"为德育的前奏，其重心在家庭，以"训育"为德育实施的手段，其重心在学校，以化育为德育的延伸，其重心在大社会和大自然。建构学校、家庭、社会三位一体的德育网络，改变"学校是教育的孤岛"的状况，是社会发展需要和儿童品德发展的客观要求。

　　德育网络是经由各种德育力量整合而成的社会组织及其沟通渠道体系，它涉及整个社会大系统的方方面面。从横向上看，涉及各种社会环境因素，包括学校、家庭、社会以及各自的内部因素，如：学校子系统中的学科课程、课外活动、团队工作、学校氛围等，社会子系统中的社会管理机构、社会服务机构、大众传媒等；从纵向上看，包括自上而下的德育管理与指导体系、自下而上的德育实施体系等。社会大系统各要素纵横交错，从促进儿童品德发展的视角进行组织、协调、沟通并加以整合，由此而体现出德育网络的系统性、多渠道、多层次、全方位的特点。

　　在促进学生品德形成与社会性发展的过程中，德育网络的主要作用在于：

　　第一，提高各方力量的社会责任感。学校、家庭、社会各方都能够意识到德育之重要，对此无需争议。可是，与学校作为专门的教育组织（或机构）不同，家庭是儿童成长的正常生活环境，并为儿童发展提供所必需的物质条件和心理环境，父母或其他年长者通过恪守"天职"、履行义务而从儿童的成长和发展中获得满意感、幸福感。在"知识本位"、"能力至上"的当今社会里，儿童一旦入学，他们在学业上的点滴进步和能力上的细微变化常常都被视为不断走向"成才"之路的象征,因而备受家长关注;尽管品德上的良好表现固然也会让人感到欣慰,但毕竟"不很实在",在社会风气不良、道德面貌欠佳的时期,"好人"、"好事"甚至更可能被讥讽为"傻子"、"装样子",关注"成才"而忽视"成人"也就在情理之中。至于社会方面,不同的社会成员有着不同的行为动机和活动目的,不同的社会机构、社会组织也有着不同的本位职责和群体利益并发挥着多种社会功能,因此,他们的德育职能时常被其他活动目的和社会功能所削弱、所掩盖。此外,受职能分工以及个人利益和组织利益制约,学校内部忽视德育的现象也屡见不鲜。德育网络的建立,可以赋予学校、家庭、社会及内部各要素一定的教育任务和育人职责,并将之纳入整体的德育计划之中,由此提高各方力量在加强和改进德育方面的社会责任感。

第二,促进各方力量之间的沟通与交流,形成教育合力。如前所述,学校、家庭、社会及其内部诸因素虽然都对儿童的品德发展负有责任,但各自的侧重点、着眼点不尽相同,在影响性质、落实途径和教育方式、策略上也有着明显差异。各尽其分,各司其职,并不必然能够收到预期的德育效果,至于相互之间产生影响性质、影响方向上的不一致,就更可能产生零效果或负效果,如:学校鼓励儿童参加各种力所能及的劳动,家庭认为参加劳动耽误学习时间,社会尤其是报纸、电视宣传"幸运中奖"而致富等,而个体品德发展的特殊性恰恰需要各种教育力量在教育影响上的系统性、连贯性、一致性。这就要求学校、家庭、社会及其内部诸要素之间必须有序、有则地进行沟通与交流,其内容包括:儿童在学校、在家庭、在社会的表现,学校、家庭、社会的环境与教育状况,各方教育力量的计划与安排,各自的教育对策或建议等。德育网络作为一种沟通上下、联系左右的社会组织及沟通渠道体系,正好能够为各种教育力量、教育因素之间的沟通与交流提供沟通渠道、起着桥梁作用,由此而促成他们之间的协调一致、密切配合,形成教育合力。

第三，开发和利用德育资源。学校是实施德育的基本途径，但是，单纯以学校条件和环境、各种教材、教师和学生等作为德育资源，却有着极大的局限性，毕竟道德并不只是在学校环境中发生，个体品德也并非可以在学校环境中形成。因此，依靠学校内部的力量和资源、通过教师封闭式的教育教学活动无法完成实施德育的重任。德育网络的建立，打开了学校德育的"瓶颈"，其突出作用就是有助于调动各方教育力量，并充分挖掘、开发、利用学校以外的各种人力、物力、机构、环境、氛围等作为德育资源。在这些德育资源中，有的是显在的，如图书馆、博物馆、文化遗址、模范人物等，需要经由德育网络的沟通渠道来密切联系、增进沟通，从而成为直接的、常规的德育资源；有些则是潜在的，如政府部门、企事业单位、部队以及各种社会生产、服务活动等，需要通过德育网络的组织体系来加以开发、协调，从而成为现实的、有效的德育资源。在实践中，对于各种德育资源的开发和利用，小学阶段的基本做法主要包括：（1）组建校外德育队伍，聘请模范人物、公安干警、离退休干部等做兼职教师或校外辅导员；（2）建立校外德育基地，如：在工厂、农村建立劳动教育基地、在革命遗址或文化遗址建立爱国主义教育基地、在部队建立军训和军事教育基地等；（3）为教育教学活动在人力、物力、财力上提供某些帮助，如：经营性的公共活动场所或设施（体育场、游乐场等）为学生的参观学习实行优惠、可供参观的政府办公场所或民用设施运作系统在节假日定期向学生免费开放等。

第四，净化、优化学校德育的外部环境。社会环境纷繁复杂、良莠不齐。从育人的角度出发，除了可以作为德育资源加以利用的部分因素以外，多数因素都需要加以引导、调控、监督。在这方面，政府、社区委员会等作为社会管理、监督、指导机构应是责无旁贷。与此同时，在社会发展过程中，经由各种社会组织（或机构）、通过多种多样的活动，有意识地培育和增进全体社会成员的公民意识、社会责任感和自律精神，显得尤为必要和迫切。

德育网络中的组织机构有着多种类型，它们分别存在于学校与家庭之间、学校与社区之间、社会教育力量内部以及学校、家庭、社区三者之间，由各方力量整合而成。

1. 家长委员会

家长委员会是由学生家长代表组成的专门委员会，可分为全校性的和班级的两种类型。家长委员会中的家长代表一般由学校（或班级教师）和家长共同协商推举产生，其基本要求是：热爱儿童、青少年，热心德育工作，能积极为大家服务，有一定的教育经验和较强的活动能力、组织能力，在家长中比较有威信，并具有地区和职业方面的代表性。家长委员会的主要工作内容是：组织家长共同研究学生中存在的问题、交流教育孩子的经验；向家长宣传学校的德育要求和措施，动员家长配合学校教育自己的子女；反映家长对学校德育工作的意见和建议；协助学校开展好校外德育活动等。

2. 家长学校

家长学校旨在通过专门的教育教学活动来指导、培训家长，以求提高他们的家庭教育能力和水平。家长学校一般由学校出面组织兴办。办好家长学校应具备的基本条件和要求是：有领导班子，有专人负责；有明确的办学指导思想；有周密的教学计划，内容要少而精，充分考虑家长们文化程度、修养水平参差不齐的实际，既注意科学性又注意大众化，并使两者紧密结合；有适合不同年级学生家长使用的教材；有经验丰富的教师；有固定的教学时间和地点，时间安排合理；方法灵活多样，密切联系实际。在德育方面，家长学校的教育教学内容主要是涉及德育理论的讲授、德育经验的介绍、学校德育计划和要求的通报等；教育教学形式和方法包括讲述、讲解、讲演、座谈、讨论、经验交流等，还可以配合教育教学印发一些学习材料，开辟家庭教育、德育宣传专栏，开展德育论文征集活动等。家长学校也可以由社区出面组织兴办。

3. 校外辅导站

校外辅导站一般是由街道居民委员会或村镇管理委员会出面组织，

其主要任务是：在学生放学后或放假时把学生组织起来共同学习，并进行必要的道德教育，如：指导学生阅读课外图书，给学生讲故事，组织学生看电视、录像、电影，组织学生参观访问等，尽量抵制社会上的某些不良影响。辅导站还能够及时与学校、家庭沟通情况，把学生在社会上的表现及时反映给学校和家长。校外辅导站的组织规模小，简单易行。其关键是要选择好辅导站的辅导员。一般说来，他们可由社工、退休教师或干部、其他行业的职工等担任，学校应当与辅导站建立经常性联系，并可委派专人协助辅导站工作。

4. 社区教育委员会

社区教育委员会是一个跨行业、跨系统的横向群众性组织，是社会、家庭、学校实行一体化的重要组织形式，时常被视为以社区为单位的德育领导机构。它一般由社区管理机构牵头或者由有关部门出面组织，把社区的小学、中学、机关、厂矿、商店、街道、家庭等组织在一起，共同兴办该社区的教育，由教师代表、社区（村镇、街道等）管理人员、家长代表、社会其他行业代表等共同组成。这种由政府出面组织的群众性组织具有较高的权威性，便于各单位的协调一致，充分调动他们的育人积极性。社区教育委员会的主要职责是：加强学校、社区、家庭以及社会各方力量之间的联系，促进它们之间的沟通与交流；研究学生在学校、家庭和社会上的表现与建议、对策；筹办并领导学生居住社区的各种校外活动小组；协商并解决各种勤工俭学、校外文娱体育活动所需要的器材、指导教师、场地等事项；制定宣传好人好事和帮助落后生的计划和措施；创造良好的社区文化环境和氛围；激发社区内各方面人员教育下一代的社会责任感等。

目前，在学校、家庭、社区三结合德育网络中，大体有三种类型：

（1）学校中心型，即以学校为龙头，主动联系社会各界形成统一的德育网络；（2）区、乡（镇）政府中心型，即由区、乡（镇）政府牵头，所在辖区的学校、机关、部队、企业等组织；（3）厂区中心型，即以厂矿企业或部队等大型单位为龙头，学校、社会各机构或组织共同参与。无论哪一种类型，学校都应当在其中发挥骨干作用。

5. 儿童工作协调委员会

儿童工作委员会是为了协调儿童工作而建立的专门组织。这一组织把共青团、工会、妇联等群众组织、协调起来，充分利用社会上的文化教育机构和设施，调动社会各方面力量共同关心年青一代健康成长，培养教育好儿童少年。如：图书馆、博物馆、纪念馆向儿童少年开放，文化馆、少年宫开展适合儿童的文娱、教育活动等。

德育网络的沟通方式，大致有如下几种：

1. 家长会

家长会是家校之间最常见的群体沟通方式，它可以在较短时间内使教师与大多数家长取得一致性联系，接触面广，效率较高。家长会常在开学初、期中或期末举行，也有因某种需要临时举行的，分全校家长会和班级家长会。家长会的主要内容在于：向家长汇报学校或班级德育工作情况和今后工作计划，向家长提出德育方面的要求，听取家长的意见和建议，表扬品德优良学生，请家长介绍教育子女的经验，分发学生成绩册、翻阅学生成长记录等。从任务和内容的角度看，家长会可分为讲座性、布置性、介绍性、汇报性、交流性、专题性、综合性等几类。

开好家长会的关键在于事先做好准备，做到目的明确、时机恰当、中心突出、内容丰富。具体说来，这些准备工作包括：（1）明确家长会的目的、任务；（2）派发家长会通知书；（3）编写好讲话提纲或拟好讨论提纲；（4）选出进行主题发言的家长代表；（5）帮助学生干部准备好发言；（6）向科任教师通报开会内容；（7）其他准备，如：学校或教室环境的布置、待展示的各种材料等。

2. 互访

互访是保持联系、沟通和合作的基本方式，包括家校互访、校社互访、家社互访，如：学校访问社会管理或服务机构，以争取他们的支持和配合；社会文化机构访问学校，以理解儿童、青少年的课外学习兴趣等。其中，尤以前者为常见。

　　班主任进行家访，是最常见的个别访问。它具有针对性强、具体、细致、深入等特点。家访的主要任务是：了解孩子在学校和家庭中的重要活动、表现和进步情况，通报学校、家庭近来发生的重要变化，共同研究、商定教育孩子的方法，相互听取对方的教育意见或建议等。

　　随着社会发展的城市化、信息化，家访作为一种常见的家校联系方式正在受到强烈冲击，如何看待和发挥这一互动形式在育人活动中的作用，需要更加具体的探讨尝试。

　　3. 通讯或书面联系

　　这种方式的任务和内容是：交流信息，通报学生日常表现、学校或家庭发生的重要变化，提出要求和建议，或询问和回答问题，宣传教育科学知识和成功教育经验等。这种方式联系面广、速度快，简便、易行、有效，比较容易做到经常化。通讯或书面交流的方式、方法主要有：打电话、传递联系卡、通知书、学生手册、书信，寄送学校或班级编印的刊物等。

　　4 当面口头交流

　　定期或小定期的当面口头交流，是家校之间或家长与教师之间最直接、最有效的一种方式。接送儿童、家长学校、家长会、公共场合偶遇等，都可以捕捉到家长与教师之间进行口头交流的时机。在当面口头交流的多数情况下，教师往往拥有心理优势。为此，教师应当尽可能做到：（1）与家长平等相待；（2）创设良好的谈话氛围；（3）关注、倾听和理解家长；（4）关心、询问对方的日常情况；（5）关切地以描述的方式介绍儿童的各种情况；（6）尊重家长隐私，保守儿童的秘密。

　　此外，定期进行学校"开放日"活动，定期或不定期地开展家教咨询活动，以学校的名义召开联席会议等，都是学校、家庭、社会之间相互联系、相互沟通的重要形式。

第六章

班主任德育经典案例选

第一节　尊重与爱护——通往教育之门

著名物理学家阿基米德曾说："给我一个支点，我可以撬动整个地球。"把它转移到教育思想上来，如果找准了教育的最佳杠杆，同样能在教育学生方面收获一片灿烂。

案例过程

尊重与爱心是进行教育的最佳杠杆

作为班主任，最让我牵肠挂肚的是班级的后进生。望子成龙是天下父母共同心愿。但因为这样那样的因素，每年总是有一些学生让自己的父母愁肠百结，让我们这些做班主任的费尽心思，伤透脑筋。

十年班主任的工作经历是我记忆中宝贵的财富，最不能忘记的是2000 年 9 月高二文理分科时，我班分来一个年级最难管的学生王晓杰，该生学习浮躁，纪律松弛，生活习惯差，自由散漫，我行我素，容易冲动，曾多次和原班主任及科任老师发生正面冲突，是班上一个很让人头痛的学生。

为了对他有更深入的了解，一个月内，我对他进行了两次家访。他家离校很远，来回一次需要近 5 个小时。通过家访，我了解到他妈妈常年在北京做生意，春节才回来一次；他那做生意的爸爸较忙碌，难得的几次见面，常常伴随着"恨铁不成钢"的训斥与责骂。父子俩关系非常紧张。周末回去，他常是一个人呆在家里，一些不良习惯没人指点。天长日久，他居然在一些社会青年那里找到了平衡和安慰，染上了满身的坏习气：戴项链、手镯。在教室脱鞋，看书趴在桌子上，两条腿不停地晃来晃去，上课时嚼口香糖。针对这种情况，我建议他爸爸回去的时候尽量多抽时间陪他，让他感受亲情的温暖。

有一次看到他的裤子开了缝，我让他换下来，拿回家洗干净缝好、熨平整交还给他，并嘱咐他以后缝缝补补的事情尽管找我。从此以后，他对我的态度大有转变，见面必鞠躬问好，接受批评时少了以往那种无理强三分的抵触。对于他的点滴进步我及时鼓励，但是对于他的缺点也决不姑息。为了让他有更快的进步，一米八多的个头，我让他坐在班级第一排的边上，时时刻刻让他处在老师的视线里，但依然不能保证他有连续20分钟的安静：轮到自修课，每30分钟就要去一次厕所。无奈之下，我连续一周让他在我的办公室自修，每天晚上，我都在旁边监视着。那一段时间，我仿佛又回到了儿子初上幼儿园时辛苦陪读的时光。一年过去了，三百六十多个日子，不知道经历了多少次这样的反复交锋，我用一个教师的倔强和母亲的情怀彻底改变了他。他在周记中写道："原来，我是一个不甘寂寞的人，无论走到哪里，身边都会有很多朋友围着。即使到了一个陌生的地方，过不了几天就会有新的朋友围在我身边，从没有一个人单独走过，也不愿有这样的机会。但自进了高二（1）班后，我发现我变了，变得喜欢一个人独处了，一个人静静地思考，也学会了喜欢尝试。这种感觉很好，或许，一年后的我会真的让那些对我有成见的人大吃一惊！"

后来，在一次升旗仪式上，我让他代表班级进行国旗下的讲话，他非常激动，当天早晨就在走廊上一遍又一遍习读他的稿子，让我帮他指点。当天的讲话非常成功，得到很多老师的夸奖，他非常得意，我趁机告诉他："你已经得到大家的肯定了，以后要加倍努力。"他使劲地点点头。2001年的教师节，平时写作文超不过500字的他送给我一份特殊的礼物——一封1000多字的长信。信中写道："我现在对我们的班级充满了信心，对我的未来充满了信心，我相信明年的六月，蓝天是我们的，大地是我们的，阳光是我们的，一切都是我们的。"2002年高考，他以优异的成绩考入了苏州大学，让所有了解他过去的人感到不可思议。

王晓杰成功的案例给了我很多的思考：怎样才能使教育的过程成为师生情理互动的愉快过程，进而收到良好的育人效果呢？

最重要的一条原则是：尊重学生，这是教育成功的一把钥匙。自尊心人皆有之，渴望得到尊重是人们的内在需求。尊重学生，不仅是教师应具备的职业道德，而且是保证良好的教育效果的前提。因此，班主任在教育学生的过程中要尊重学生人格。教育活动是双向的，教师尊重学生，才能赢得学生的尊敬；学生尊重老师，老师的教育活动才会有成效。教育以师生间心灵沟通为前提，教师就必须有一颗热爱学生的心。只有热爱学生，教师才有了解学生各方面情况的愿望，热情主动地引导和帮助学生，真心诚意地尊重学生。

"热爱学生"不是一句口号，这种爱的表达既是无微不至，又是不由自主的。气候突变，当我们感受寒冷或炎热时，应自然急切地提醒学生"多穿一件衣服"或洒上一盆凉水帮助降温；爱学生就是对其缺点决不姑息，但不是严厉批评，而是点到为止，采取春风化雨的尊重教育；爱学生也要体现在关注学生的每一点进步上，善于发现每个学生身上的"闪光点"。教师要努力走近学生，走进学生的心灵，与学生交朋友，努力发现他们的特长优势，因势利导，助其成功。当我们努力追求高尚的品德、出色的教育、真诚的感情，并随时注意维护学生的尊严，尊重学生的人格时，学生会把他们的爱心和敬意奉献给我们，教师尊严的丰碑便也在学生的心中树立起来。

美国著名心理学家威廉·詹姆士曾说："人类本质中最殷切的需求就是渴望被肯定。"没有爱，就没有教育，在与人相处的过程中需要关心别人、尊重别人，也需要别人关心，别人尊重。尊重是不分对象、地位、亲疏的，即对每个人都应该真诚相待，谦逊有礼的。这也许是尊重的一个原则。每个人来到世上都有被尊重、被关爱、被肯定的渴望，当你满足了他被尊重的需求后，他就会对你焕发巨大的热情，并成为你的好朋友。

案例评价

通向学生心灵的教育智慧，首先要在对学生内心世界理解、接纳的基础上，建立起师生之间的情感。这位班主任的成功，表现在尊重学生的个性。她针对有差异的学生，实施有差异的教育，实现有差异的发展。塑造学生完美的个性需要智慧，促进教师个性的自我完善也同样需要智慧，师生两个主体互相依存，互相作用，学生的个性发展与教师的自我完善是同步的，真正实现了"在创造自我中创造学生，在创造学生中创造自我。"

第二节　爱，可以拯救一切

随着脚步声的临近，"章老师，请你吃喜糖，我表哥结婚。"抬头一看是小亦，一脸的灿烂。在他的家庭情况记录中的家庭主要成员一栏，只填了父亲一人。后来了解到他母亲在他念小学时就去世了。在单亲家庭中成长的孩子能如此乐观，不太容易。小亦任班级团支书，学习成绩优异，稳居班级前十名。

案例过程

2004年12月下旬的一天，同办公室的一个老师告诉我，刚才在她上课时，有个学生家长匆忙将小亦接走了，走得很急，让她帮忙跟我打个招呼。我脑中顿时产生一种不祥的预感，急忙问："来的是不是他父亲？"看年龄不像。"进一步说明了我的猜测的可能——他的父亲出事了。拨通了他家的电话，验证了我的猜测。他父亲前两天晚上一人在家时，因突发性疾病而去世，亲戚朋友正在商量小亦以后该怎么办。小亦还没到家，是他的表哥接的电话。曾经承受丧母之痛，现在又一下子成了孤儿，他以后的路该怎样走？

过了半个多小时，在急促的电话声后，传出颤抖的声音："章老师，我爸爸也没了，呜……这几天都来不了学校了。请个假，我不知道以后该怎么办。""想哭，你就痛痛快快哭出来吧。但过了这几天，要逐渐把自己的心态调整过来，以后碰到什么问题，总会有办法解决的。天冷，多穿点衣服。""噢……噢……"往日能说会道、爱开玩笑的他，此时的回答只有伴着哭声的"噢"。"过几天，章老师过来看你。"还是"噢"。

周二。电话里发出了沙哑的声音:"章老师,我不想念书了。寝室你帮我退了吧,过几天我来拿东西。""这事,我是绝对不会同意的,你不念书,以后能做什么呢?现在放弃学业,以后肯定会后悔的。也相信,你父亲若知道你因为他的事而放弃学业,也会很痛心的。回到班集体中来吧,继续好好念书好吗?再说章老师也少不了你这个助手呀!"回答还是一声"噢"。"明天,我到你家来看你,好吗?""噢"。"记住一句话:'人的一生中,或许会经历很多磨难,但这不是我们选择放弃的理由,要把它转化为更深层的动力。…"噢,呜……"

周六,雪停了,但路上结了不薄的冰,公交因此停开。

他家在油车港,要乘长途公交车。我正发愁,上午公交车开通了。我顺便带去了他要求带去的换洗衣服。

他和他的表哥到路口接我。只听见他低沉的声音:"章老师。"眼睛里布满血丝,人好像一下老了很多,曾有的"灿烂"不见了踪影。他表哥伸手接下在我手中的包。一路上,我只能鼓励他坚强。有一段路,很泥泞,正如他以后要走的路。

到了他家,他家的亲戚向我讲述了他家的情况:"母亲在他小学一年级时就因病去世了。当时花了不少钱,还欠了债,以后就靠他父亲一人。楼房也是勉强很简化地建起来的,不容易呀。现在他成了孤儿,失去经济支柱,以后该怎么办?学校能不能把学费免掉,多给点帮助?"

他家虽是楼房,但看得出建得很单薄,家里的陈设也简单而破旧。

我拿出了助学教育券,解释了相关事项,强调了些注意点。表示会尽可能地帮助小亦获得帮助。聊了许久,从交谈中,可以看出,小亦很有孝心。临走前,我和小亦单独交谈了一下,他的话还是不多,但总算打消了放弃学业的念头。临走时,他给我围了条围巾,我推托,因向来不喜欢围。他说:"这是我妈留给我的。"我无语了。这看似简短的一句话,却给了我很大的触动。

周二中午,他在大伯的陪同下,来到了学校。小亦穿得不多,我带他去吃了午饭。当天正好轮到我晚自修。傍晚,他跑来说,他冷。于是我带他去买件外套。以后几天，我和几个任课老师商量好，给他补一下落下的课。中午我帮他买了饭，跟他的室友也私下里打了招呼，要多关心他，要多与他交流沟通，有事私下向我汇报。总算，在我和任课老师们以及同学们的帮助下，他振作了起来，投入学习，但还是看不见脸上的灿烂，依旧是"老了很多"的感觉。在两周后的期末考试中，他依旧位居班级前十名，还被评上了"三好生"。

学校根据他的情况，给了他一等助学教育券，免去了他的学费和住宿费，且在考虑帮他结对子。

放寒假，他住在已退休的大伯家。年三十那天，原想给他打个电话，他却先打来了，问候新年。

第二学期，学校帮他结了对子。钱总答应，高中三年里，每月给他300元生活费，并引导他放掉心理包袱，鼓励他积极乐观地投入学习，同时不能忽视对自身道德素质和能力的培养。至此，我也就不再给他买午饭，300元的生活费一般情况下已经足够，也要避免他向另一个方向发展，要培养他勤俭节约的习惯。

领导们和钱总的关心帮助。更让他感受到这世间充满了爱，他没有理由选择放弃。渐渐地，灿烂的笑容重现在他的脸上。

案例反思

孤儿的人生道路是很容易走两个极端的，这些特别的孩子更需要关爱和重视。不注意引导的话，很可能会堕落下去，自暴自弃，甚至逐步走向犯罪；但若能引导好，发动尽可能多的力量来关心、资助、鼓励他，让他感受到这世间充满了爱，他并不孤独，让他重燃起生活的热情，那么相信在不久的将来，在经历了风雨后，他会见到彩虹，成为出色的人才，回报关心他的社会。

第三节 谎言不必都戳穿

俗话说:"人非圣贤,孰能无过。"过失过错就如同大小疾病一样在人生中很难避免。身心尚处迅速发育成长过程中的小学生,更容易出现这样那样的不是。此时,班主任要选择适当场合,积极主动地找犯错误的学生谈话。当在谈话中发现学生说谎时,不必急于戳穿。

案例过程

两年前,我接任五班还不到一个月,就发生一件事,那天放学后,几个学生急匆匆地跑来告诉我,吴某某的电子表不见了。我开始了解情况。"事情是这样的:吴某某的电子表的外形是一只甲虫,边上有个键,一按,甲虫的两壳自动张开,就能看到时间。扫地时,她把表放在自己的课桌上。我们几个值日生打扫完教室后就去打扫包干区,只有值日组长王某在教室里检查打扫情况。但后来,吴某某发现表不见了,就去问王某。王某说他检查时没看仔细,以为是垃圾,扔进垃圾桶了,而倒垃圾的徐某不知情,已经把垃圾倒了。"一个优等生有条有理地讲述给我听。"那我们一起到垃圾箱去找。"我和那几个学生立即出发。幸好垃圾不多,可我们几乎翻遍了每个角落都没发现那只"甲虫"。我明白了我的目标不应是垃圾箱,便对那几个学生说:"你们先回家吧,我再找找,以后要注意保管好自己的财物。"

之后,我赶紧去找王某,他一个人正在教室关窗。当我问起电子表时,他的回答和我之前听到的一样。我佯装相信,又说:"你是值日组长,吴某某在值日时丢了东西,作为组长是有责任的。况且那东西又是你扔掉的。你应该帮他找回来对吗?"他轻轻地点了点头。"那好吧,你回去再找找。如果找到了明天回来还给吴某某。"我一边说一边看他的表情。他好像解脱了什么烦恼似的，爽快地答道："好。""此地无银三百两"，就是他那表情。他那一个字的回答，让我断定电子表就是他拿的。但我没有当面揭穿他，我记得苏霍姆林斯基曾告诫过我们："任何时候都不要急于揭发儿童的不良的、应受指责的行为……应该让儿童表现出克服缺点的内在的精神力量……这就是教育艺术。"

第二天上午，我抽空到王某家进行了家访。他父母都在工厂上班，那天正好停电，所以都在家。交谈中，我了解到他家经济条件不是太好，但父母对孩子非常重视，平时教育也挺严的，孩子从未拿过别人的东西。临走时，我嘱咐他父母："我们都希望王某能自己认识错误，重新成为一个好孩子，所以你们不要告诉他我来过，也不要问他电子表的事，只要悄悄地留意他就行了。"

回到学校，我又找了王某的前任班主任，从她那里了解到王某是个挺聪明的孩子，学习成绩一向不错，平时较懂事，也不曾拿过别人的东西。各方面情况表明：王某拿那个电子表，可能是因为好奇而偶尔犯错。

下午，我找来了王某，问他有没有找到那表。他说："没有。"我想我该点他一下了。我搬来一只凳子，让他坐到我的身边，和蔼地对他说："还记得四年级时学过的课文《比金钱更重要》吗？什么比金钱还重要？"诚实、信任。""是啊，诚实是一个人的优秀品质，是小学生行为规范所要求我们做的。诚实的孩子，人人都喜欢。老师希望你也是一个诚实的孩子，在自己和别人面前都能问心无愧。"他低着头默不作声。"今天放学后再帮吴某某找找表，好吗？""嗯！"等他走后，我长舒了一口气，以为事情马上就可解决了。可是出乎我意料的是，第三天他却仍无动静。当我再次问起时，他却推托说："昨天作业太多了，没时间找。"那时我心中虽怒火万丈，但仍努力克制自己，我想可能我的谈话还没打动他的心。想到这里，我便心平气和地对他说："王某，一只电子表值不了多少钱，诚实的品质才是可贵的。我知道你是个聪明的孩子，在电子表和诚实之间你会做出明智的选择的。况且，欺人只能一时，而诚信才是长久之策呀！"听到这里，他缓缓抬起头，大眼睛瞅了瞅我那充满真诚、期待的脸，"我今天去找，"说完他跑了。可我还是不太放心，放学后，我悄悄地给了他一个纸条，上面写着：王某，你好！老师送你两句名言，希望它们能成为你的良师益友。要留心，即使当你独自一人时，也不要说坏话或做坏事，而要学会在你自己面前比在别人面前更知耻。自觉心是进步之母，自贱心是堕落之源，故自觉心不可无，自贱心不可有。

第四天，那只"甲虫"终于完璧归赵了。在我的"庇护"下，"甲虫"的主人吴某某感激地向王某道谢。那时的王某，脸上的表情好难形容啊！但我深信，这样的事情决不会在他身上第二次出现了。

两年后，王某小学毕业。离校前，他也给了我一个纸条，上面写着：潘老师，谢谢您！您不仅教给了我丰富的知识，更教会了我许多做人的道理。您给我的那两句名言一直贴在我的床头，看着它们，就像看见您一样。

案例分析

面对偶尔失手犯错的学生，如何教育、妥善处理？优秀班主任潘老师对学生王某因好奇拿了同学吴某某的电子手表，当找他谈话，王某以谎言保住自己的脸皮，不愿承认时，潘老师认为孩子是纯洁、幼稚的，有时会因好奇或别的什么原因而做错事，应该关心他们，宽容、谅解他们，诱导他们自己去思、去想、去悟，从而自觉地改正错误的教育理念和方法。正是潘老师的这种爱生之心，终于使王某战胜了自我，选择了诚实，走出了阴影，走向光明，并从心灵深处感恩于老师当日对他的特殊庇护和宽容。

对学生成长过程中出现的这样那样的不足，理应宽容。虽然宽容有时需要妥协、忍让，甚至迁就，但理智的宽容绝不是对学生所犯错误进行袒护、放纵、任其自流，而更多的是体现教师对学生的爱。

第四节 多一把尺子量学生

案例过程

每到晚上寝室快熄灯的时候，我班的小威同学总要掏出心爱的小盒子，数数自己今天又挣了多少学分币，这习惯他已保持了几个月。

小威长得白白胖胖的，整天眯着一双小眼睛，模样挺招人喜欢的，他的知识面也很广，反应挺快。公开课上总能吸引许多老师的目光。按理说，他应该是老师、家长"手心里的宝"，可惜，他身上有一些致命的弱点，使得他很不受老师、同学欢迎，比如他自制力不强，每当拿到一本喜欢的小说，他会不分场合地一气读完。为此常常影响了听课，违反了纪律；他数学有一定天赋，但对语文课本上的东西不太感兴趣，作业从来都是马马虎虎；他习惯于把手边能抓到的尺、笔统统变成玩具，以致做作业时不得不时常借同学的；他的生活自理能力很差，住校前的一切都是由妈妈帮助打理的，住校以后没人照料了。结果早晨常常因为动作慢而来不及出操。脏衣服、臭袜子会收藏两个礼拜后拎回家让妈妈洗。

对于小威的缺点，虽然我和其他同学再三提醒督促，家长"威逼利诱"，可小威仍我行我素，学校纪律、班级制度对他似乎不起作用。长期的付出得不到任何回报，我真想放弃了。也许，他根本不适合寄宿制生活？也许，他原本就是个不可雕的"朽木"。

正当我苦恼之时，偶读明代学者王阳明的著作。其中有一句话如醍醐灌顶："大抵童子之情，乐嬉游而惮拘检，如草木始萌芽，舒畅之则条达，摧挠之则衰痿"。回顾我以前的行为：耐心而频繁的批评教育、辅之以各种严格的常规考核，这一切不能说没用，但对小威这样的"小油条"来说并未到达他心灵的深处。看来，做一个好师长，不仅要满怀一颗爱心，还要懂得一点爱的艺术，孩子的成材需要合适的土壤。于是，本着"多一把评价尺子，就多一个成功的学生"的思想，模仿国内有些高校"道德银行"的做法，同时参考国外的"代币制"，经过一段时间的酝酿，我开始在班级中尝试一种全新的评价制度——学分币评价。

何谓学分币评价？简单地说，它是一种过程性的评价模式。在整个学期中，学生在综合素质或学科学习中只要有点滴的进步，就能及时得到由班主任老师设计并发行的"校院人民币"，比如上课发言积极、作业认真、在比赛中为班级赢得荣誉等等。都能获得一定的学分币奖励。这些通过辛勤汗水赚取的学分币既可以作为学生参加期末学校各类评比的依据，也可以用学分币在班级定期举办的奖品拍卖会上竞拍到自己喜欢的文体或生活用品。

小威作为"弱势群体"，对班级里的规章制度向来没什么兴趣，可是这一次，他无法不动心了，因为他发现这一新政策似乎对他很有利。他"英雄有用武之地"了。

为了发挥学生的主动性，我在班级中首先成立了由各层次学生组成的学分币管理委员会，小威作为"个性学生"的代表。成为六位委员中的一员，主要负责会计工作。在他的积极建议下，学管会将课外阅读作为一项评比内容：每人读完两本有益的课外书就可以领到一元学分币。政策实施后，学生的阅读热情让我大吃一惊：原来班里很多学生一直喜欢看课外书。但总是偷偷摸摸的，生怕老师、家长发现。现在呢，既能满足兴趣又饱了"钱袋"。真是天大的美事！于是一到下课，许多学生就会捧起书来埋头苦读，几个阅读速度较快的学生很快就借此"发家致富"了。当我还在沾沾自喜之时，恰是受益较大的小威向我指出了这一制度中的漏洞：这样下去会影响课内知识的学习，得有所限制。学管会商量后立即做了调整，一个月内最多只能领取六本书的奖励，以保证各方面平衡发展。这之后的课外阅读开始朝着理性的方向发展。这一事件让我充分意识到学分币管理中宏观调控的有效性，学生参与制度健全的科学性。

每月通过课外阅读赚取的学分币最多不超过 3 元，小威明白，仅靠阅读发不了财，那么，还有什么生财之道呢？小威在动脑筋，我和学管会的其他同学也都动起了脑筋，因为我们既要保证让一部分人先富起来，也要让像小威这样的同学早日脱贫，走向共同富裕的道路。大家集思广益，提出了很多合理化建议，比如有人提议：可不可以发挥家长的作用，请他们也参与到评价中来，每周可以从"交流力"、"自制能力"、"自理能力"三方面给孩子打分。班级再根据家长的反馈意见给予相应的学分币奖励。学管会采纳了这个建议，此做法试行后得到家长的大力支持，他们认为这样的教育形式很新颖，有针对性，也很有效。"小威的妈妈更是逢人便说：小威这孩子现在懂事了，在家还能帮我干家务呢。"

为了提高学生的综合能力，同时也为了增强班级的凝聚力，学管会很快又推出一项新政策：主动代表班级参加学校比赛的，均可获得一定的学分币奖励。政策出台后，学生参加学校各类活动的热情更高了。小威呢，以前一直喜欢自得其乐，现在虽然有了很大改变，可是他既不会唱歌跳舞，又不擅长打球跑步，他的舞台在哪里？正在此时，机会来了，学校组织机器人大赛，小威第一个举手报名。在随后的两个多星期，小威天天挤出时间埋头组装，时时请教班中的电脑高手。功夫不负有心人，他终于在决赛代表班级获得了二等奖，同时也领到了他应得的奖励——2 元学分币。看着他满脸的自豪与幸福，我相信，对小威来说，这次比赛的收获一定远远超过 2 元学分币。

半个学期过去了，曾经的"朽木"现在竟成了栋梁之材：原来偏科十分严重，现在各门功课齐头并进；原来三天两头挨训，现在接连不断受到表扬：原来邋邋遢遢没人愿意靠近，现在清清爽爽讨人喜欢。小威令所有认识他的人刮目相看。

案例评析

自制的纸币，在一般成人的眼里，也许是毫无价值的，但在孩子们成长的道路上却起到了难以估量的作用。它可以及时地帮助孩子们树立信心，走向成功。而当一个人尝试成功后，又会变得更有信心，再去争取更大的成功。班主任巧妙地利用学生的心理特点，采用了一种新颖的评价方式，在如何更好地发挥教育评价的作用，更好地促进学生的成长以实现学生的可持续发展方面做了有益的尝试，收到了明显的效果，这是当前深化课程改革，全面推进素质教育过程中产生的一项具有创新价值的优秀成果。

第五节 抓住"偶然"

案例过程

"老师，我不高兴坐那儿！"一个学生斩钉截铁地说。

我又看了看另外几个学生，可是，每次眼神的交错，都让我明白一个事实：没有人愿意和小云同桌。

小云涨红着脸，把头低下，一如既往地沉默，只不过，我可以明显地感觉到：这位同学的话就像一块石头重重地砸在小云的心上。对于一个幼小的心灵来说，是一种刺痛，是一种伤害！看看小云，我陷入了深深的自责。本以为一个月来，新生差不多相互有了一定了解，班级也该由分散的个体逐渐融合为整体了，没想到排位子时会出现这种情况，不仅是我，整个班都陷入了一片尴尬。

为什么大家都要拒绝这样一个借读生？

小云的确有她的特殊之处，性格内向，基本上不和同学说话。又是从外省转学过来，在同学的眼里，她的行为习惯与大家是那样的格格不入。之前就有学生跟我说感觉她很不合群，有点像"外星人"，很有距离感，感觉"怕怕的"。但是，经过与她的几次谈心，看了她的周记后，小云给我更多的是感动。小云从小就很少感受到父母的关爱，父母一直在外务工，家里只有爷爷照顾。爷爷思想又较封建，重男轻女，很多时候，她都无辜地成了大人的出气筒。后来，父母离婚，爷爷去世，小云带着心灵上的阴影跟随父亲来到了远隔千里的浙江。语言不通，没有朋友，小云的性格更内向了。我曾鼓励她与同学多交往，她说其实内心也有与同学交往的渴望，但又担心自己的家事会成为同学们议论的对象，对同学心存戒备。

就是这样一位渴求理解与关爱的女孩，又将受到一次严重的伤害。这个时候，我必须为她做点什么。

强制性地命令某个同学和她同桌？不行，这势必引起学生的反感，甚至激起学生的逆反心理，对小云产生偏见，使事态恶化，不利于以后的班级管理。把小云的故事说给大家听？这个办法可以，我相信大家会为之动容，由此也能更了解小云，走近她，给她帮助和温暖。但是，好强的小云能接受吗？每次周记里，她都会在写完心里话后加上一行字：老师，请不要把我的事说给大家听，这是我们之间的秘密。如果这个时候我说了，第一个牺牲的是我们之间的信任，紧接而来的是对小云更大的伤害。即使大家可能会因为小云的遭遇而同情她，帮助她，但在小云看来，会不会是用暴露的伤口换来的施舍？

用什么办法好呢，要大家马上接受小云是不可能的。现实是大家都不想坐在这里。那么只能维持现状了，但绝对不能让小云认为大家看不起她，由此更加自卑。我想，要在这个时候维护小云的自尊心，最要紧的是要改变大家对这个位子的看法，并且尽量要使大家把注意力放在这个位子上，使小云能够从这种尴尬中解脱出来，对自己也有一个重新的认识。我摆脱了烦杂的心绪，很快镇定下来。若无其事地对大家说："其实，这是个好位子，老师心里正需要找这样一个位子。大家也知道，现在的课堂给予大家更多的自主时间，所以，这个位子是上课时提供给老师用的。讨论的时候，老师可以下来参与大家的讨论，大家自习的时候，老师可以在这里批改作业，给同学指导习题，找同学了解学习情况，或是和大家一起看书学习。可以说，这里就是老师流动的办公室！"

教室一片愕然。这，或许是他们以前从未遇见过的。接着，便是一阵低声的议论。看着学生丰富的表情，是羡慕，还是嫉妒？我不得而知。但我清楚地意识到，学生们目光的焦点和议论的中心，不再是小云，而是那个空位子。更重要的是，小云的头抬起来了，眼睛里透出了从未有过的光彩！

　　一个学期过去了，小云身上发生了很大的变化。在班级里，她经常和同学成群地谈天论地，有时她还会笑呵呵地哄内向的同学开心，学习上她是班里最勤奋的一个。当小云微笑着叫我的时候，那灿烂的笑容常常使我感动良久。

　　现代教育观认为，在教育教学过程中应该充分体现和贯彻人文主义关怀。有句话说得很好：每位学生的心都像上着锁的大门，任你再粗的铁棒也撬不开，只有教师真诚的关怀和发自内心的关爱，才能把自己变成一个个细腻各异的钥匙，去打开、引导、美化学生的心灵。因此，只有像对待荷叶上的露珠一样，小心翼翼地保护学生的幼小心灵。特别是在特殊时刻，抓机会让学生理解、感受老师的情感，学生心灵的琴弦才会为教师拨动，做到以情育情，以情换情之效。在这次偶然事件中，我"急中生智"地转移了学生的注意力，给小云以保护和鼓励。从教育的角度来看，获得了学生的好感和信任，更有利于班级和谐气氛的营建，从小云的角度来看，一次偶然，在心情即将跌入谷底，甚至会变得对学习和生活更为消极的时候，由于老师的一番话，使她由自卑到自信，由沉郁到开朗，激发了她的学习热情和潜能，从其他学生的角度来讲，当他们看见一个处于积极变化中的小云的时候，一定会改变对人对事的方法，更会潜意识地受其感染，情感上得到升华。这对整个班级的精神面貌来说无疑是有好处的。我很感激这次"换位子风波"，因为我很好地抓住了一次偶然，一次教育机会，一次让爱流露、理解和友爱漫延的机会。

案例评析

　　苏格拉底曾说过："一个人能否有成就，就看他是否具备自尊心与自信心两个条件。这说明自尊自信是每个成功者不可缺少的积极的心理品质。抓住"偶然"，实际上就是抓住了学生的自尊心。自尊是指一个人自己尊重自己，不允许他人轻视，并希望自己在各项工作中取得一定成就的心理品质。在班级中，学生只有树立了自尊心，才会自求上进，才会注意自己在班集体中的形象。热爱集体，为集体建设出力。因此，班主任在教育工作中要时刻关注学生的自尊心。这是学生心中最敏感的角落，是一个人要求得到别人的肯定、重视以及自我肯定的一种积极情感，是不断追求向上的内动力，也是生活的精神支柱。只有互相尊重，才能形成健康、团结、向上的班集体。

第六节 内化，无声的教育

案例过程

小林，我班初三男生。生性活泼，天资聪慧，爱打篮球，爱看武侠小说，朋友很多，有打球的，看武打的，上网的。他口才很好，善于辩驳，但脾气有点倔，少有人争得过他。对学习不是很热情，对分数很容易产生满足感，比上不足，比下有余，经常看见他在教室里悠哉悠哉的。他与老师有一点距离，但又不隔膜，是感觉平平淡淡的，又能让老师记在心中的那一种。

他家境优越，父亲在事业单位做会计，收入稳定，对外交流好。母亲管着一家不大不小的饭店，很忙，也天天与钱打交道。他们对儿子有期望，看重分数，要求儿子考个重点大学，即使出点钱也行。

在学习问题上，两代之间的摩擦也就在所难免。

深冬的一个晚上，很冷。8：30，我家的门铃突然有节奏地响了。进门的正是小林的家长，他们带着复杂的心情向我讲了一件事！

原来，近一个多月来，小林和父母的话越来越少，甚至吃饭时也是闷声不响，吃饱了就上楼，"嘭"的一声把房门关得紧紧的。父母都不知道是什么原因，面对父母的教育他又似乎软硬不吃。一次，父亲终于忍不住气，发火了，没想到，不但没有镇住，他反而给父母写了一封绝交信，弃门而出。父母费了大半夜才把儿子找回来，但之后他与父母的话就更少了，而且回到家就是不做功课，整天抱着本武打书，小林的父母觉得很伤心，也很担心。凭着我的职业直觉，感到小林遇到了心理上的困难。我关照他们要主动与孩子进行交流，不要太在意他的态度，并

159

告诉他们我也会想办法的。

从第二天开始，我分步做了以下引导工作，取得了满意的效果。

一是谈心。我以语文老师的身份与小林谈武打小说，侃金庸。小林很投入，似乎神采飞扬，丝毫看不出他与父母之间的隔阂。我深深地感觉到小林身上成熟的一面。借着话题，我顺势转到谈论武打小说与课业的兴趣问题。小林讲得很直率："读书要紧我懂。但读书也需要兴趣，当你被人讲得烦透的时候，沉浸在武打小说里就是一种解脱。"我的心顿时豁然开朗。看来无论哪一种爱都要有个度，否则就会物极必反。我觉得解铃还需系铃人。第二天，我去约见小林的家长，把我的猜测和想法认真地与他们进行了沟通，得到了他们的认可支持。他们在反思后认为：的确要给孩子以一定的空间，允许孩子用时间来体悟父母的期望和爱。

二是家访。我趁周末，若无其事地去了小林家。家长很热情，我向他们使眼色，故意大声地说要想见小林。他母亲很热情地带我到小林书房前敲门。小林听见我的声音，客气地打开了房门。我盛赞小林书房的漂亮。夸奖小林的父母为孩子创造了那么好的条件，有优越的读书环境。我又夸奖他好学的精神，并委婉地道出了在他的书房看不见课业书籍的遗憾。在跨出房门的一刻，我说："小林啊，你在这样的环境下成长，真是不知道会有多少同学羡慕你呢？如果中考不理想的话。遗憾的可能不仅仅是你和老师了。"小林的脸红到了耳根。

我们的谈话从书房谈到客厅，从两个人变成四个人，气氛自然而和谐。我提出，要和小林一起到同学小杰家去走走。小杰的父亲教子有方，小杰在班中的成绩名列前茅。小杰的父亲很会说话。他具体地介绍了是怎样要求孩子，教育孩子，关心孩子的；他们是怎样的父子同心，提高小杰的学习兴趣和学习成绩的。小林听得很入神，在回来的路上，他叹了口气说："唉！其实所有的家长都是一个样……"我没有回答，心里却暗暗高兴。

三是约法三章。成功的家访后，我在学校里与小林约法三章：一是适度看武侠小说，白天在教室里禁看，否则我收掉保管，周六奉还。二是回家要与家长说说话，不搞自我封闭。三是写一组以"感恩"为话题的作文，为期两个月。小林爽快地答应了。

半年后，小林顺利地考入了嘉兴第四高级中学，并保证每周在嘉兴或自家饭店中与父母聚餐一次，没有特殊情况不得缺席。

案例反思

德育不是由一个居高临下的生命对另一个生命的压制或说服的过程。而是在相互沟通的过程中产生的心灵震颤，马克思说："道德的基础是人类精神的自律。"

在本案例中，小林对父母缺乏足够的理解，缺少对父母的感恩，这是他道德品质上不足。倘若教育不用"润物细无声"的方式加以引导，而是讲抽象的道理甚至批评或打骂的式，就会产生不良的德育效果。

在实施"内化"的德育过程中，要讲究"体验情境"，要有"对话反思"。要让受教育者具有相同或相近生活世界的精神体悟过程。在案例中，家访就是一种情境体悟。而"对话和反思"则是要让受教育者达到补充、限制、修正、认同、规范等情感觉醒。因此，内化的教育绝非是一个小时或一两天就能够达到教育成果的，它需要你具有恒久的毅力。

所以，教育者不能仅仅满足于对学生行为的约束或认知层面的规训，而要着眼于道德情感的化育和提升，把道德行为的养成、道德信念的确立当作德育追求的目标与最终归宿。

另外，每个学生都有其特有的天性，小林嫌父母有时"烦透"了，正是与他的天性发生了冲突。在教育过程中顺着学生的天性，因势利导地做学生的思想工作。会最大限度地淡化教育痕迹，使学生不经意中接受你的教育意图，达到内化的教育效果。案例中，小林最后的成功与班主任的教育思想是大有关系的。真的教育是不违背自然，而自觉奉行自然，这本身就是教育自然的一部分。

第七节　用理解得到信任

案例过程

小萍是一位初一的学生，她是一位被人领养的女孩，家中有养父母和一个哥哥，由于母亲经常唠叨，所以与母亲很难沟通，父亲远在杭州打工，只是在金钱上满足她的要求。相对来说，哥哥与她的年龄相差不大，还算谈得来，可哥哥由于忙于工作，也很少过问她的学习和生活。因此这小女孩常常感到孤独、苦闷。唯一解除之法，就是看书。所以也养成了看书、写日记的习惯，同时这也培养了她写作的兴趣，可对学习却不感兴趣，作业马马虎虎，有时会无缘无故发脾气，把作业本乱撕一番，有时会在上课期间突然跑出教室，令老师束手无策。她与同学也很难相处，她认为同班的同学太无知、太单纯，同他们无共同语言，所以在学校她感到自己是一只笼中之鸟，她唯一感兴趣的是以文会友，喜欢交笔友。2003 年的五月，她又新认识了一位笔友，两人都想见一次面，可由于是上课期间，小萍的两次约会都被班主任阻拦。连续的两次失约使得她无脸再与笔友会面，故有了轻生的念头，拿起了农药喝了下去。

我意识到了问题的严重性，急忙赶到了医院。在医院里我看到了小萍，她正安静地躺在病床上打点滴。我走到她身边仔细地端详着她短短的头发，圆圆的脸蛋，一双大而亮的眼睛，不过从这双大大的眼睛里，明显呈现出一丝迷惘的神情。从那迷惘的眼神之中我隐约感到这女孩的内心深处，有着极为复杂的思想。

第一次谈话就在病房里进行了，谈话还算顺利，经过长时间的开导，她终于把这次为何喝农药之事毫无保留地说了出来。

　　最后我安慰她："你只要把真实情况跟你的笔友说，相信他会理解你的。你不应有这种荒诞的念头。好好休息，顺便也好好想想爸爸妈妈。如果有什么话需要与我说，可随时来找我，或写信给我。"

　　第二天我写了一封长信给她，此后两人就以信件形式开始频繁交流了。从信的交往中，我逐渐了解了一些她的家庭情况。原来她是一位被抱养的女儿，自己也不知道亲生的父母是谁，现在哪里，更不知道他们的姓名。她平时很喜欢看小说、写日记，与现在的父母、兄长缺乏沟通。平时有些想法和情绪只能付之于笔，写之于纸。所以文章写得还不错，在学校的各项征文竞赛中，均能获奖。

　　通过一段时间的交往，我感到这女孩有点自恋心理障碍倾向：她常常以自我为中心，一切为自己着想，按自己的需求、凭自己的情绪办事，造成与人相处困难，与同学、父母或老师之间的关系非常紧张，故而常常导致冲突，逆反心理严重，并不时地情绪激愤、言语伤人。由于她平时书看得较多，内心更为复杂。现实使她感到苦恼，感到不安，甚至感到害怕。甚至感到人与人之间是没有情感可言的，有时甚至会怀疑她的养父母，到底为了什么把她领养的。因此老师对她的关爱，她一点也不领情。她的心理年龄超越了她的生理年龄，她对同班同学不屑一顾，认为他们都是无知的少年。所以一旦碰到了与自己志向一致的笔友，非常珍惜。可学校的管理制度和班主任的严格要求使她无法与外面的朋友会面，因此她把一肚子气撒在了学校和老师的身上。

　　从她的种种行为和表现中，我感悟到了她所作所为的原因所在。亲生父母对她的遗弃给她的心灵造成了极大的打击。她认为亲身父母都能舍下自己的亲生骨肉。人间哪还有真情可言。可她骨子里却在呼唤着亲情，呼唤着关爱，在她的内心这种认为没有真情，却又迫切需要真情的矛盾老是交织在一起，又无法排遣。只得采用一些极端的行为加以发泄，来得到心灵上的平衡，使得周围的人对她关注，从而来激起人们对她的关爱。

　　原来这女孩最缺乏的是爱，而她最迫切需要的也是爱。所以必须要用爱心去扶持她成长，用爱心去浇灌她那空寂的心灵，用爱心去融化她那冰冷的心情，用爱心去打开她那封闭的心房。

三个月的信件交流及许多次的面对面谈话，我终于走进了小萍的心田，也得到了她的信任，渐渐地，我和她的距离越来越近了，甚至有一次她对我说："我能否不叫你老师，能否叫你阿姨？"我笑了，可以说我打心眼里笑了出来，这孩子有救了。于是我也笑着对她说："可以，只要你喜欢，叫什么都行。"后来她还说："那么我碰到麻烦或问题能否来找你？"我说："你随时都可以来，我会放下手中的一切。"她笑了，笑得很灿烂。

在为期两年的辅导当中，我采用了许多种方法，其中最主要的用同理心的原理，采用心理疏通法和情绪控制法来加以辅导。小萍渐渐地改变了原有的观念，真切地感到集体的温暖，同学的友爱，教师的关心。后来，她在学习上努力刻苦，在工作上认真负责，不仅竞选上班长一职，还担任了文学社社长。她用满腔的热情赢得同学的尊敬，用自己实际的行动获得了老师们的称赞。

案例反思

研究学生的心理，掌握一些心理学的原理，作为教育工作者是很有必要的。它不但有助于我们能够及时了解学生的内心活动，而且还有助于我们对学生人格品德的塑造。可以说，心理教育是德育教育的一种重要手段，也是实践学校德育教育的一个重要途径。虽然德育与心理教育不能互相替代，但它们却可以相互弥补，因为两者皆为塑造学生良好的人格与道德品质而努力。所以说如何在学校教育中成功地开展心理教育工作，为全面实施素质教育服务，是广大中小学校教育工作者所要面对和思考的新课题。

附　录

学生文明礼仪规范

个人礼仪

一、仪表

1. 讲究个人卫生，养成良好的卫生习惯，衣服鞋袜要常换洗，按时理发和沐浴。

2. 衣着整洁、朴素大方、协调得体，不穿奇装异服，进校一律佩戴校牌，按规定穿校服。不许烫发、染发，女同学不准戴首饰、染指甲。

二、言谈

1. 态度要诚恳、和蔼、语气要亲切；声音大小要适宜，语调要平和沉稳。

2. 进校要讲普通话。坚持使用礼貌用语："您好"、"请"、"谢谢"、"对不起"、"没关系"、"请原谅"、"再见"等。

三、仪态举止

1. 姿势：交谈时双方要互相正视、互相倾听、不能东张西望、看书看报。使用好体态语言：微笑、鞠躬、握手、招手、鼓掌、右行礼让、回答问题起立等。

2. 站姿：站立时，身体应与地面垂直，重心放在两个前脚掌上，挺胸、收腹、抬头、双肩放松。双臂自然下垂或在体前交叉，眼睛平视，面带笑容。站立时不要歪脖、斜腰、曲腿等。

3. 坐姿：腰背挺直，肩放松。在正式场合，入座时要轻柔和缓，起座要端庄稳重。

4. 走姿：轻而稳，胸要挺，头要抬，肩放松，两眼平视，面带微笑，自然摆臂。

学校礼仪

一、课堂礼仪：

1. 上课：上课的铃声一响，学生应端坐在教室里，恭候老师上课，当教师宣布上课时，全班应迅速肃立，向老师问好，待老师答礼后，方可坐下。学生应当准时到校上课，若上课迟到，应喊"报告"，经教师同意后方可进教室，走进教室后，应速坐好，保持安静。

2. 听讲：上课时坐姿要端正。课堂上，认真听老师讲解，注意力集中，独立思考，重要的内容应做好笔记。当老师提问时，应该先举手，待老师点到名字时可起来回答；发言时，身体要立正，态度要落落大方，声音要清晰响亮，并且使用普通话。

3. 下课：下课时，全体同学需起立，与老师互道"再见"。待老师离开教室后，学生方可离开。有领导或教师听课时，要让师长先走，全体学生起立迎送。

二、集会礼仪：

1. 参加集会，要准时、有序。要按指定地方整齐就座，不早退，不随便进出，会议结束后要有序退场。

2. 会议期间，要认真倾听，不得看书、谈话、吃东西、扔杂物、打瞌睡，讲话或报告结束后要鼓掌，以示感谢。

3. 每周一升国旗仪式，统一着装，准时参加，列队整齐，面向国旗，肃立致敬。升国旗、奏国歌时，要立正，脱帽，行注目礼，直至升旗完毕。认真聆听国旗下讲话，不得说话、搞笑。升降国旗时，凡经过现场的同学都应面对国旗，自觉肃立，待国旗升降完毕，方可自由活动。

三、尊师礼仪：

1. 在校园内或上下楼梯与老师相遇时，要让老师先行，并主动向老师行礼问好。买饭、打水或乘车时对教师应主动礼让。

2. 对师长或来宾要主动问好致意，主动让座、让路，答问时彬彬有礼，不围观嘲笑、指指点点。家长或亲友来校遇到老师时，应主动在家长和老师间作介绍。

3. 与老师谈话时应立正，在教室座位上与老师谈话应起立，得到老师允许后，再坐下听讲。领奖或向师长交物品时，双手接交，表示尊敬。

4. 有事进老师的办公室或宿舍，先喊"报告"或先敲门，经老师允许后方可进入。在老师的工作、生活场所，不能随便翻动老师的物品。

5. 在校外遇到老师时，应主动和老师打招呼，不得故意回避。

6. 尊重老师的劳动，听从老师的指挥。对老师的提醒和批评，不得顶撞，如有意见，可在课后与老师交流。要尊重老师的习惯和人格，对老师的相貌和衣着不应指指点点，评头论足。

四、同学间礼仪：

1. 同学间要团结互助。不说脏话、粗话，不骂人，不说伤害同学的话，不做对同学无理的事。

2. 借用学习和生活用品时，应先征得同意后再拿，用后及时归还，并要致谢。

3. 对于同学遭遇的不幸、偶尔的失败、学习上暂时的落后等，不应嘲笑、冷笑、歧视，而应该给予热情的帮助。对同学的相貌、体态、衣着不能评头论足，也不能给同学起带侮辱性的绰号，不能嘲笑同学的生理缺陷。

4. 严禁对同学人身攻击，打架斗殴，聚众闹事等违纪违法行为。

5. 诚实守信，说做一致，有错就改。答应别人的事要按时做到，借他人钱物及时归还。外出时要礼貌待人、谦虚好学，展现优秀学生的风采，维护学校声誉。

五、校内公共场所礼仪：

（一）校园

1. 自觉保持校园整洁，不乱扔纸屑、粉笔头、果皮、包装袋。不随地吐痰、不乱丢垃圾，校园严禁吃泡泡糖、瓜子类食品。

2. 爱护标语牌、警示牌、格言牌和花草树木。不跳摸班牌、格言牌、警示牌和电器设施；不在黑板、墙壁和课桌椅上乱涂、乱画、乱抹、乱刻；不践踏草地，不攀枝摘花；节约用水用电，不开长明灯。

3. 严禁吸烟、喝酒、赌博、看黄色影视书刊，不进"网吧"，不参与迷信、邪教活动。

4. 严格遵守交通法规。自行车要存放在指定的地点，不乱停、乱放，严禁在校内骑车、带人。

（二）图书室和阅览室

1. 室内须保持安静和卫生，不要高谈阔论或东跑西走。

2. 爱护书刊，不得偷撕资料，不作记号，阅读开架报刊后应按原序摆放。

（三）餐厅

1. 不抢跑、抢饭。自觉排队、不插队，不大声喧哗，不敲击碗筷，不把饭菜撒在地上。

2. 要尊重食堂工作人员的劳动，爱惜粮食，注重节俭，不乱倒剩菜剩饭。吃不完的食物应倒入指定的容器中。

（四）宿舍

1. 宿舍内要保持整洁。箱子、衣服、鞋帽、日用品等应放在指定位置，不往窗外或楼下倒水、扔东西、吐口水。

2. 按时起床、就寝。熄灯铃后不得谈话、打闹，不得进行体育或其他活动。

3. 讲究文明，不说脏话粗话，严禁吸烟喝酒。

4. 到他人宿舍，应先敲门，得到允许后方可进入。非经教师同意，男、女生不准互串宿舍。

5. 文明用厕，爱护卫生设施，损坏设施应主动赔偿。

家庭礼仪

1. 孝敬长辈，尊重兄长，爱护弟妹。吃饭时请长辈先就座，离家或归家主动与家长打招呼。

2. 经常与父母交流生活、学习、思想等情况，尊重父母的意见和教导。对家长有意见要有礼貌地提出，不任性、不耍脾气、不顶撞。

3. 体贴帮助父母，主动承担一些力所能及的家务劳动，不与他人攀比摆阔，不乱花钱。

4. 尊重邻居的生活习惯，不影响邻里正常生活，邻里有困难时主动关心帮助。

5. 待客热情，起立迎送。

同学之间的礼节和礼貌

真诚友爱

真诚友爱是一种崇高的道德情感。因此，要树立"心中有他人"的观念，与同学友爱团结。同学之间要平等待人，相互尊重，一言一行、一举一动都要从团结的愿望出发。平时遇见同学一定要打招呼。打招呼的方式很多，可以问好、点头、微笑、招手或喊一声名字等。要做到热情、诚恳。用你的真诚去爱别人，必然会得到别人真诚的回报。

相互尊重

每位同学都需要被他人关爱，被他人尊重。首先是尊重他人人格。

讥笑、辱骂、给同学起绰号，不仅伤害同学的自尊心，还侮辱了同学的人格，是低级趣味且是很不礼貌和很不道德的行为。其次，要尊重他人的生活习惯。每位同学的生活习惯是自幼养成的，是受家庭的教育和周围环境的影响而潜移默化的结果。尊重别人的生活习惯就等于对他人人格的尊重。

集体意识

每一个人都离不开集体，正像一滴水离不开浩瀚的江河大海一样。因此，我们每位同学都要有集体意识。在集体生活中，要顾全大局，遵守规章制度，不可我行我素。在你付出的同时，也将会得到社会的尊重和他人的尊重。

善于交谈

交谈是同学之间交流的主要形式之一。交流可以增加同学间的了解、友谊和相互增长知识。同学们之间的交谈应该注意一些问题：1. 说话态度要诚恳谦虚，要语调平和，不可装腔作势。2. 交谈中力求语言文雅，注意场合分寸。3. 开玩笑应注意，该说的就说，不该说的不说。听同学说话时态度要认真，不得轻易打断别人的讲话，要插话或提问应选择适当的时机，若同学说得欠妥和说错了，应在不伤害同学自尊心的情况下，恳切、委婉地指出。吵架、骂人、说难听话是一种无教养的行为及无礼的表现。

借物还物

同学们经常在一起，难免相互之间借用东西，但是须谨记有借有还，即使随便用一下别人的物品，也应事先打招呼，征得他人同意。

帮助他人

乐于助人是我们中华民族传统美德之一，也是校园礼仪中不可缺少的内容。当有同学需要帮助时，应分清是非，弄明情况，如果是对的，应尽力而为、量力而行、助其一臂之力，忌视而不见、置之不理。如果别人要你做弄虚作假，或者是违反校纪的事，就要有正确的是非观，不可同流合污。自己需要帮助时不要强求别人，要学会换位思考，多替他人考虑。尽量不给别人造成困难，甚至带来麻烦。

上课应答的礼仪和规范

教师上课提问，是检验自己教学效果的最快捷和最直接的方法。一方面可以了解学生对教学内容是否理解接受了，另一方面又可启发学生积极思维，使学生的注意力集中。而学生的回答，反过来又能启发教师的思维活动。因此，教师提问是一种正当和必要的教学手段，学生也就要有礼貌地对待教师的提问。

学生如要回答问题，应先举手，并要在老师点到自己的名字时，方可站起来答题。切不可坐在座位上，七嘴八舌地发言，也不要抢先答题。

回答问题时，站姿、表情必须要大方，不要搔首弄姿或故意做出滑稽的举止引人发笑，说话声音要响亮、清晰，不要声音过低或吐字不清。

对提的问题答不出，也应先站起来，再用抱歉的语调实事求是地向老师说清楚，不要不站起来。

在别人回答时，不应随便插嘴。别人答错了，也不应讥讽嘲笑。自己能答，可举手，得到老师允许，再站起来补充回答。课堂回答问题应做到：

通常先举手后回答。

站姿要端正。

目光注视前方，声音响亮，以全班同学都听得见为宜。

要有条理，简明，尽量无语病。

集体回答时，尽量和同学们声音一致，忌出异调怪腔。

同学发言出错时，忌哄笑挖苦。

体态语言的礼仪常规

微笑：是对他人表示友好的表情，不露牙齿、嘴角微上翘。

鞠躬：是下级对上级、晚辈对长辈、个人对群体的礼节。行鞠躬礼时，脱帽、立正、双目注视对方，面带微笑，然后身体上部向前倾斜自然弯下，低头眼向下看。有时为深表谢意，上体前倾可再深些。

握手：是与人见面或离别时最常用的礼节，也是向人表示感谢、慰问、祝贺或鼓励的礼节。

握手前起身站立，脱下手套，用右手与对方右手相握。

握手时双目注视对方，面带微笑。

一般情况下，握手不必用力，握一下即可。老友间可握得深些、久些或边问候边紧握双手。

多人同时握手不要交叉，待别人握后再伸手，依次相握。

招手：在公共场合远距离看到相识的人或送别离去的客人，举手打招呼并点头致意。

鼓掌：是表示喜悦、欢迎、感激的礼节。双手要有节奏地相击，鼓掌要适时适度。

右行礼让：在校园、上下楼梯、楼道或街道上行走时，靠右侧行进。遇到师长、客人、长、幼、妇、残、军人进出房门时，主动开门侧立，让他们先行。

教师礼仪

教师是学校工作的主体，不仅是科学文化知识的传播者，而且是学生思想道德的教育者。老师在传播知识的同时，以自己的言行举止、礼仪礼貌对学生进行着潜移默化的影响，从而对学生的言行举止发生作用。因此，老师要十分注意自己给学生留下的印象，要使自己从各方面成为一个优秀的、学生能够仿效的榜样。

1. 教师的行为举止：一个人气质、自信、涵养往往从他的姿态中就能表现出来。作为塑造人类灵魂工程师的老师，更要注意自己在各种场合的行为举止，做到大方、得体、自然、不虚假。

（1）目光：在讲台上讲课时，教师的目光要柔和、亲切、有神，给人以平和、易接近、有主见之感。当讲话出现失误被学生打断，或学生中出现突发事情打断你的讲课时，不能投以鄙夷或不屑的目光，这样做有损于你在学生心目中的形象。

（2）站姿：老师站着讲课，既是对学生的重视，更有利于用身体语言强化教学效果。站着讲课时，应站稳站直，胸膛自然挺起，不要耸肩，或过于昂着头。需要在讲台上走动时，步幅不宜过大过急。

（3）手势：老师讲课时，一般都需要配以适度的手势来强化讲课效果。手势要得体、自然、恰如其分，要随着相关内容进行。讲课时忌讳敲击讲台或做其他过分的动作。

2. 教师的言谈：教师承担的主要任务离不开语言表达。因此，作为一名教师，要注意表达语言时应遵守的礼仪礼节。

（1）表达要准确：学校中设置的每一门课程都是一门科学，有其严谨性、科学性。老师在教授时应严格遵循学科的要求，不可庸俗化。

（2）音量要适当：讲课不是喊口号，声音不宜过大，否则，会给学生以声嘶力竭之感。如果声音太低又很难听清，也会影响教学效果。

（3）语言要精炼：讲课要抓中心，不说废话和多余的话，给学生干净利索的感觉。

（4）讲课可以适时插入一些风趣、幽默的话，以活跃课堂气氛，提高学生学习的兴趣。

3. 与学生谈话：

（1）提前通知，有所准备。谈话最好提前与学生打招呼，让学生有一个思想准备，这既是一种礼貌，又是对学生的尊重。

（2）热情迎候，设置平等气氛。举止端正，行为有度。谈话时，语气要平和，要有耐心，不要高音量、不反唇相讥，应表现出良好的道德修养。

（3）分清场合，入情入理。在与人谈话时，老师的表情要与谈话对象、内容协调一致。不要言过其实，故意夸大事实，也不应传播不利团结或道听途说的事情。

班级励志名言（一）

书到用时方恨少，事非经过不知难。 ——陆游

读书有三到：心到、眼到、口到。 ——朱熹

读书使人成为完善的人。 ——培根

书籍是朋友，虽然没有热情，但是非常忠实。 ——雨果

一间没有书的屋子，正如一个没有窗子的房间。 ——莫尔

不好的书告诉错误的概念，使无知者变得更无知。 ——菲尔丁

读一切好书，就是和许多高尚的人谈话。 ——笛卡尔

学习并不等于模仿某种东西，而是掌握技巧和方法。 ——高尔基

成功 = 艰苦劳动 + 正确方法 + 少说废话 ——爱因斯坦

追求科学需要特殊的勇敢。　　　　　　　　　　——伽利略

人的大脑和肢体一样，多用则灵，不用则废。　　　——茅以升

你想成为幸福的人吗？但愿你首先学会吃得起苦。　——屠格涅夫

人的活动如果没有理想的鼓舞，就会变得空虚而渺小。

　　　　　　　　　　　　　　　　　　——车尔尼雪夫斯基

生命的意义在于付出，在于给予，而不是在于接受，也不是在于争取。　　　　　　　　　　　　　　　　　　——巴金

纪律是自由的第一条件。　　　　　　　　　　　　——黑格尔

生活的智慧，大概就在于遇事问个为什么。　　　　——巴尔扎克

如果我看得远，那是因为我站在巨人的肩上。　　　　——牛顿

人不可像走兽那样活着，应该追求知识和美德。　　　——但丁

不会宽容人的人，是不配受到别人的宽容的。　　　——贝尔奈

希望是生命的源泉，失去它生命就会枯萎。　　　　——富兰克林

好动与不满足是进步的第一必需品。　　　　　　　——爱迪生

在适当的时候去做事，可节省时间；背道而行往往徒劳无功。

　　　　　　　　　　　　　　　　　　　　　　　——培根

真理易于从谬误中产生，难于从混乱中产生。　　　　——培根

合理安排时间，就等于节约时间。　　　　　　　　　——培根

纯洁的良心，比任何东西都可贵。　　　　　　　　　——霍桑

诚实是人生的命脉，是一切价值的根基。　　　　　　——德莱塞

友谊会给人带来纯朴和幸福的情感。　　　　　　　　——司汤达

朋友看朋友是透明的，他们彼此交换生命。　　　　——罗曼·罗兰

只有正视自己的无知，才能扩大自己的知识。　　　——乌申斯基

想要受到别人尊敬，必须学会尊敬别人。　　　　　　——歌德

班级励志名言（二）

千里之行始于足下。　　　　　　　　　　　　　——老子

书犹药也，善读之可以医愚。　　　　　　　　　——刘向

与其用华丽的外衣装饰自己，不如用知识武装自己。　——马克思

学习是劳动，是充满思想的劳动。　　　　　　——乌申斯基

游手好闲的学习并不比学习游手好闲好。　　　——约·贝勒斯

重复是学习之母。　　　　　　　　　　　　　——狄慈根

学到很多东西的诀窍就是一下子不要学很多。　　——洛克

人的影响短暂而微弱，书的影响广泛而深远。　——普希金

吾生也有涯，而知也无涯。　　　　　　　　　——庄子

生活就像海洋，只有意志坚强的人才能到达彼岸。　——马克思

读书而不思考，等于吃饭而不消化。　　　　　——波尔克

己所不欲，勿施于人。　　　　　　　　　　　——孔子

书是人类进步的阶梯。　　　　　　　　　　　——高尔基

时间就像海绵里的水，只要愿挤，总还是有的。　——鲁迅

有知识的人不实践，等于一只蜜蜂不酿蜜。　——古波斯萨迪

经常不断地学习，你就什么都知道。你知道得越多，你就越有力量。　　　　　　　　　　　　　　　　　　　　——高尔基

成功的意义应该是发挥了自己的所长，尽了自己的努力之后，所感到的一种无愧于心的收获之乐，而不是为了虚荣或金钱。

——罗曼·罗兰

谁能以深刻的内容充实每个瞬间，谁就是无限地延长自己的生命。

——巴尔扎克